Klaus von Mering
Mit dem Herzen verstehen

Klaus von Mering

Mit dem Herzen verstehen

Die Wochensprüche

Agentur des Rauhen Hauses Hamburg

Mit herzlichem Dank allen,
die mit mir in der Langeooger Inselkirche
Gottesdienst gefeiert haben.

FSC
Mix
Produktgruppe aus vorbildlich
bewirtschafteten Wäldern und
anderen kontrollierten Herkünften

Zert.-Nr. GFA-COC-001223
www.fsc.org
© 1996 Forest Stewardship Council

© Agentur des Rauhen Hauses Hamburg 2010
www.agentur-rauhes-haus.de

Umschlagabbildung: © Jörgen Habedank, Appen,
„Garten sucht Eden", Acryl+Collage auf Papier,
40 x 30 cm, www.joergenhabedank.de

Gesamtherstellung:
CPI – Clausen & Bosse GmbH
Der Umwelt zuliebe gedruckt auf
chlorfrei gebleichtem Papier.
ISBN 978-3-7600-1625-2
Best.-Nr. 1 1625-2

Inhaltsverzeichnis

Inhaltsverzeichnis

Kaum etwas bestimmt den Rhythmus unserer zeitlichen Orientierung im Alltagsleben so sehr wie die Einteilung in Wochen. Da sind die Arbeitstage, beginnend mit dem manchmal mühsamen Montag bis zum oft freudigen Freitag. Da ist das Wochenende voller Erwartungen an Erholung und freie Zeit, in dem der Sonntag oft schon unterzugehen droht. Biblisch steht der Sabbat als Ruhetag Gottes und der Menschen im Vordergrund und im Neuen Testament vor allem „der erste Tag der Woche", der mit Jesu Auferstehung zum Auftakt gebenden Sonntag wird. Diesem Grundrhythmus unseres Lebens entspricht das Kirchenjahr mit biblischen Wochensprüchen, die das jeweilige Proprium, das Besondere des jeweiligen Sonntags, herausstellen.

Klaus von Mering nimmt diese Wochensprüche in den Blick. Und fast möchte man meinen, er nehme damit auf, was die Apostelgeschichte in einer kleinen Begebenheit der ersten Christen in Troas erzählt (Apg 20,6f). Weil Paulus am Montag zur Fortsetzung seiner Missionsarbeit und zur Weiterreise aufbrechen wird, predigt er am Sonntagabend möglichst ausgiebig. So erlebt die zurückbleibende Gemeinde auch in den kommenden Tagen noch die Strahlkraft der sonntäglichen Predigt.

Die vorliegenden Auslegungen nehmen uns Lesende mit in eine kurze, aber intensive Auseinandersetzung mit dem je besonderen Blickwinkel der einzelnen Wochensprüche auf die Botschaft des Evangeliums. Sie bilden einen Vorrat für die Gesamtheit der sieben Tage, sie scheinen mir Wegzehrung zu geben für eine ganze Etappe. Sie dürfen eingeteilt, wieder hervorgeholt und weitergedacht werden. Klaus von Mering gelingt es zudem, in den Wochensprüchen das Kirchenjahr wie ein langes Band zu entwickeln und sie als komprimierte Bekenntnisse in ihrer Vielfalt auszukosten. So bilden sie einen Vorrat gleich für sieben Tage und heben sich wohltuend von den oft so kurz greifenden Einwegweisheiten ab, die – wenn es gut geht – nur unsere Tagesform verbessern können. Von Merings Auslegungen aber geben genug Freiraum, an guten und an schweren Tagen Wirkung zu zeigen. Hilfreich für die Auswahl und Verwendung der Auslegungen als Andachten wird das ausführliche Stichwortregister sein.

„Mit dem Herzen verstehen" – dieses Vorhaben umfasst wiederum gut biblisch, was wir so oft auf zwei Pole aufgeteilt haben oder gar in der Gefahr sind, voneinander zu trennen. Herz und Verstand bilden jedoch kein Nebeneinander, keine Addition oder gar Reihenfolge. Sie stehen vielmehr in einer doppelten Bewegung zueinander, in der wir mit dem Herzen – also vom Herzen her – den Verstand einsetzen können und bei der Kopfarbeit die Herzenssachen nicht ausblenden müssen. Klaus von Mering versteht es zugleich, seine

theologische Ausarbeitung mit Alltagsbildern zu
grundieren, sich auch nicht für umgangssprach-
liche Farbtupfer zu schade zu sein. Die Deutung
biblischer Worte erfordert eben auch deutliches
Argumentieren und die Klarheit einer Sprache,
die unsere Alltagserfahrungen ernst nimmt. So
können weit ausgreifende Textexegese und aktuel-
le Tagesereignisse zusammenfinden.

Zur tragfähigen Verkündigung in Zuspruch
und Anspruch tritt in diesem schönen, 52-fachen
Reigen die Beobachtung hinzu, dass sich konst-
ruktive Gedanken und konzentrierte Gebete einander ergänzen. So mündet der Gedanke von der
zärtlichen Vernunft in die Einsicht, wie begrenzt
unsere Vorstellungen von dem sind, was sich angeblich lohnt. Auch darin bleibt die Grundbewe-
gung dieses Buches im Fluss: Mit dem Herzen
verstehen! Biblisch bildet ja das Herz den menschlichen Berührungspunkt Gottes. In den von Klaus
von Mering vorgelegten Gedanken und Gebeten
wird alles, was wir von der Botschaft der Wochensprüche verstehen, im bergenden Sinn aufgehoben und betend vor Gott getragen.

Ich wünsche Ihnen beim Lesen – das nicht in
Sieben-Meilen-, sondern in Sieben-Tages-Schritten
vorangeht – das Mitvollziehen dieser Grundbewe-
gung: Mit dem Herzen verstehen!

Jan Janssen
Bischof der Evangelischen Kirche in Oldenburg

1. Morgen ist das Heute nicht mehr dasselbe

Siehe, dein König kommt zu dir, ein Gerechter und ein Helfer. Sacharja 9,9

AUSLEGUNG

Gott kündigt sein Kommen an. Sind wir vorbereitet?

Man kann diese Ankunft erwarten wie die eines Medienstars: als großes Ereignis, von dem alle reden, das einen aber im Grunde nichts angeht. Manche erwarten den Herrn als ganz persönlichen Besuch: als Heiland, der in die Herzen einzieht. Oder wir begehen die Ankunft ganz weltlich und bereiten ein Familienfest vor oder einen Kurzurlaub. In all diesen Erwartungen steckt etwas Richtiges: Wir leben nicht nur von dem, was hinter uns liegt, sondern immer auch von der Erwartung an morgen – weil Gott einer ist, der kommt.

Auch in Zeiten, in denen unsere Gedanken ganz vom Heute vereinnahmt werden, bleiben wir Wartende. Gott kommt! Das bedeutet auch: Gott ist nicht von gestern.

Hier und da erleben wir, dass Kirche und Glaube als Auslaufmodelle hingestellt werden. Schwieriger und gefährlicher für den Glauben aber sind Einstellungen, die Gott im Gestern einsperren

14

wollen, meistens in der guten Absicht, ihn dadurch zu schützen. Alte Bilder und Worte scheinen dann Gott angemessener zu umschreiben als heutige Begriffe und Vorstellungen. Was uns vertraut und gewohnt ist, liegt uns näher, und was kann es Schöneres geben, als dass Gott uns nahe liegt? Aber dieser Schein trügt.

Gott winkt uns nicht aus der Vergangenheit nostalgisch zu; er ist im Kommen, und wir müssen uns darauf vorbereiten, auch mit unseren Bildern und Worten, damit er darin wirklich „vorkommt". Das kann mühsam sein, denn ein kommender Gott ist uns fremder als ein gewohnter: Vielleicht liegt hier der tiefere Grund dafür, dass die Adventszeit nach alter kirchlicher Ordnung Fastenzeit ist, also eine Zeit, in der wir auf dies oder das verzichten, um uns zu konzentrieren. Nur wenn wir die Mühe auf uns nehmen, uns auf Gott vorzubereiten, sind wir wirklich dabei, wenn er kommt, können wir ihm begegnen und seiner Kraft und Wahrheit gewiss werden.

GEBET

Komm, Gott, auch in meine Vorbereitungen, damit ich nicht zur falschen Zeit auf dem falschen Bahnsteig auf dich warte. Amen.

LIED

Macht hoch die Tür (EG 1)

2. Rückenschule

*Seht auf und erhebt eure Häupter, weil sich
eure Erlösung naht.* Lukas 21,28

AUSLEGUNG

Sportler wissen, wie wichtig die mentale Vorbereitung ist. Das eifrigste Training und die beste körperliche Verfassung können im entscheidenden Augenblick vergeblich sein, wenn die innere Anspannung und der Wille zum Sieg fehlen. Wir sind ganzheitliche Wesen. Körper, Geist und Seele müssen zusammenwirken, wenn das Leben gelingen soll.

Wenn das schon im Sport gilt, um wie viel mehr in unserem Leben vor Gott!

Da geht es ja nicht nur um einen Sieg, der schon morgen durch einen neuen Rekord in den Schatten gestellt werden kann. „Erlösung", sagt die Bibel, Befreiung – es sind ja nicht nur Selbstblockaden, die unserem Glück im Wege stehen. Es ist das Böse, das von außen auf uns einwirkt und das sich mit dem Bösen tief in uns drinnen vereinigt, um uns in den Abgrund der Gottesferne zu ziehen.

Dass Schuld und Ungerechtigkeit auch da ihre zerstörende Kraft entfalten können, wo alle nur das Beste gewollt haben, macht sichtbar, warum wir im Glauben von „Sünde" sprechen und nach Erlösung ausschauen.

Diese Erlösung ist uns in Christus zugesagt. Und wie Christus schon für uns gestorben und auferstanden ist, aber zugleich in Herrlichkeit noch erwartet wird, so warten wir noch auf ein endgültiges Heil- und Freiwerden, das die Macht der Sünde wirklich hinter sich lässt.

Da gibt es dann keine Sinnlosigkeit mehr, keine Bosheit, keinen Schmerz, dann hat Christus sein Werk vollendet.

Indem wir seiner Geburt entgegensehen, wird uns diese Erwartung neu bewusst. Wir leben in einer großen Spannung, sie ist die wahre „Rückenschule"; denn der aufrechte Gang, den wir hier lernen, schont nicht nur unsere Bandscheiben, sondern hilft uns, das Ziel unseres Lebens nicht aus dem Auge zu verlieren.

„Seht auf" heißt nicht nur „Kopf hoch"! Wir können wirklich aufhören, uns wegzuducken, wo wir gebraucht werden. Der, dem wir entgegensehen, ist nahe genug, um uns bei der Hand zu fassen.

GEBET

Hilf uns, Gott, dass wir dir mehr zutrauen als ein kleines Stück vom Glück und mehr tragen, als unsere Schultern hergeben. Amen.

LIED

O Heiland, reiß die Himmel auf (EG 7)

3. Bauarbeiten

Bereitet dem Herrn den Weg, denn siehe,
der Herr kommt gewaltig. Jesaja 40,3.10

AUSLEGUNG

Das Schild „Vorsicht! Bauarbeiten" löst bei Autofahrern eher unangenehme Gedanken aus. Sie denken nicht an die bald erneuerte, verbesserte Fahrbahn, sondern an die Behinderungen jetzt. Fuß vom Gas, stockender Verkehr, vielleicht sogar ein Stau. Unser Denken und Empfinden bleiben im Gegenwärtigen hängen.

Jesajas Blick reicht weiter: Was ihr heute erleidet – sind Bauarbeiten für Gottes helfendes Kommen. Ist das wirklich zu menschlich gedacht: Gott im Stau? Sicher ist Gott nicht auf unsere Straßen angewiesen, um zu uns zu kommen. Aber sollten wir ihm nicht dennoch den Weg bereiten?

Gottes Weg zu uns vorbereiten oder unsern Weg zu Gott – diese Unterscheidung ist nur dann sinnvoll, wenn es um unsere Erlösung geht. Da sind allein Gottes Schritte wichtig, wer da menschliches „Entgegenkommen" für nötig hält, predigt alsbald ein anderes Evangelium, eines, in dem nicht mehr Christus allein, die Gnade allein unsere Seligkeit ausmacht. Aber ob wir Gottes Kommen wahrnehmen, ihn auf seinem Weg zu uns entdecken – trotz der Wüste, die uns von ihm

trennt, trotz all der Schlaglöcher, die unsere „Las-
ter" aufgerissen haben – das hängt auch von unserer Bereitschaft ab, den Weg für ihn in Ordnung
zu bringen. Wir müssen Bauarbeiten in Kauf nehmen, damit Gott nicht in unserem Stau landet.

Dass er „gewaltig", machtvoll kommt, drückt
sich ja darin aus, dass er Gewalt unterläuft. Die
Hörer Jesajas kannten göttliche Gewalt in ihrem
Alltag als astrologische Gesetze und als Diktatur
von Königen, die sich von Gott berufen fühlten.
Unser Gott ist anders, sagt der Prophet. Seine
Macht verändert die Welt durch die Menschen,
die ihm den Weg bereiten.

Hierzulande denken nur wenige an Religion
oder Gott, wenn es um Macht geht. Gott scheint
der Gedankenlosigkeit und dem Unglauben der
Menschen ziemlich ohnmächtig ausgeliefert zu
sein, meinen wir oft. Vielleicht ist es die Wüste
unserer falschen Maßstäbe, in der wir anfangen
müssen, Gott den Weg zu bereiten.

GEBET

So vieles ist dir in meinem Leben im Weg, Gott,
immer wieder verliere ich dich aus dem Auge.
Hilf mir, deinem Kommen eine ebene Bahn zu
machen. Amen.

LIED

Mit Ernst, o Menschenkinder (EG 10)

4. Freude, die entgegenläuft

Freuet euch in dem Herrn allewege, und abermals sage ich: Freuet euch! Der Herr ist nahe! Philipper 4,4-5

AUSLEGUNG

Nun ist es nicht mehr weit bis Weihnachten. Freuen Sie sich? Oder ist die Vorfreude auf Weihnachten nur etwas für Kinder?

Paulus sieht Gott in Bewegung. Er selbst, nicht nur der Festtag, kommt näher und näher. Und das macht ihn, den wartenden Paulus, nicht ängstlich, sondern froh. Das bewegt ihn. Dabei erwartete er zu seiner Zeit ja noch ein Weltende, das zu seinen Lebzeiten eintreten würde. Trotzdem „freuet euch"?

Es mag sein, dass die Lebensbedingungen für Paulus und seine Leser auf weiten Strecken so hart und erbärmlich waren, dass es ihnen leichter fiel, sich nach der Seligkeit bei Gott zu sehnen. Leichter jedenfalls als uns, denen im Blick auf ein mögliches Ende des Lebens zunächst eine lange Liste von Verlusten einfällt, die das mit sich bringt.

Doch auch die Menschen damals haben sich ihres Lebens erfreut. Sie hatten Menschen, die sie liebten und Aufgaben, die sie ausfüllten. Ihr „freuet euch" bezieht sich nicht auf etwas, das sie loszuwerden, sondern auf etwas, das sie zu empfangen hofften. Gott kommt näher und näher. Das Leben erhält einen Wert und eine Erfüllung, die es von sich aus nie gewinnen kann. Der tragende Grund besteht immer weniger in dem, was uns angeboren ist: unsere Vitalität, unsere Gesundheit, unser Aussehen. Auch nicht in dem, was wir können und leisten oder uns leisten können. Nein, das Leben ruht mehr und mehr in Gott selbst, von dem es kommt und zu dem es unterwegs ist.

Wenn ein Kind der heimkehrenden Mutter voll Freude entgegenläuft, denkt es nicht an das, was es kann oder darstellt. Es ist ganz und gar ausgefüllt von dem Gedanken: Endlich! Da ist sie! Deshalb: Freuet euch! Gott wird nicht nur immer wieder Mensch, er wird auch immer mehr Mensch – für uns, in uns, an unserer Seite.

GEBET

Freude kann man nicht verordnen. Aber wir bitten dich, Gott, lass sie uns in dir erfahren. Amen.

LIED

Tochter Zion, freue dich (EG 13)

21

5. Liebe auf den ersten Blick

*Das Wort ward Fleisch und wohnte unter uns,
und wir sahen seine Herrlichkeit.* Johannes 1,14

AUSLEGUNG

Zu Weihnachten hat die Liebe Geburtstag. Liebe kann sterben, das wissen wir aus Erfahrung. Kann sie auch neu geboren werden?

Der Evangelist redet in der Vergangenheit. Er weiß, Weihnachten hat eine Geschichte. Matthäus und vor allem Lukas erzählen sie. Erzählen will Johannes nicht, aber ihm ist wichtig, dass die Weihnachtsgeschichte(n) keine in der Vergangenheit abgeschlossenen Vorgänge ausmalen.

Ihre durchsichtigen Motive und Bilder von dem Kind in der Krippe erreichen bis heute zahllose Menschen, auch solche, die Bibel und Gottesdienst sonst eher mit Abstand gegenüberstehen.

Johannes sagt nicht: Gott wurde Mensch. Das könnte nach einer Art Verkleidung klingen. So wie sich ein König in Handwerkertracht unters Volk mischt, um dessen wahre Meinung über sich zu erfahren. Ein derart verkleideter Gott ist nie wirklich Mensch. Und er ist jederzeit in der Lage, die menschliche Hülle wieder zu verlassen, wenn es für ihn brenzlig wird. In Jesus ist Gott ganz Mensch.

Wer spricht, „äußert" sich. Da klingt noch von

22

ferne nach, was Johannes mit „Wort" meint: Gott teilt sich mit, tritt aus sich heraus und offenbart, wer er ist. Damit bewirkt er etwas, wo vorher nichts war. Dieses „Wort" wurde Fleisch in Jesus. Was in der Schöpfung durch das Wort begann, kommt hier zum Ziel, der Schöpfer wird eins mit seinem Geschöpf.

Wenn wir Weihnachten als den Geburtstag der Liebe feiern, dann so, dass wir von Gottes Liebe sprechen, die unser Menschsein erwählt hat und immer neu als Liebe wiedergeboren wird, wo Menschen diese Liebe im Geiste Jesu Christi weitergeben.

Liebe kann sterben. Liebe ist menschlich, genauso menschlich wie Lieblosigkeit. Aber weil Gott sich geäußert hat in der Geburt Jesu, kann Liebe neu geboren werden. In unserer Mitte. Mitten in uns. Wir feiern Weihnachten, dass die Liebe neu geboren wird. Die menschliche Liebe Gottes.

GEBET

Ich möchte von mir so groß denken, Gott, wie du mich machst durch deine Liebe, damit ich mich nicht ängstlich klein mache, wo du mich brauchen willst. Amen.

LIED

Jauchzet, ihr Himmel (EG 41)

6. Die Sanduhr anhalten

Barmherzig und gnädig ist der Herr, geduldig und von großer Güte. Psalm 103,8

AUSLEGUNG

Wir haben nicht beliebig viel Zeit. Stärker als andere Tage erinnert uns der Jahreswechsel an unsere Grenzen. Das Psalmwort will uns helfen, deshalb nicht in Panik zu verfallen. Gottes Geduld und Güte sind wie ein großes Dach, unter dem sowohl das kurze, menschlich gesehen unvollendete wie das lange, voll ausgekostete Leben bequem Platz finden. Gott rechnet anders, seine „Sanduhr" ist mit vergebener Sünde gefüllt. Dadurch werden uns neue Maßstäbe bewusst. Wie schnell sind wir doch am Ende, wo Durchhaltevermögen nötig wäre, um etwas wachsen und reifen zu lassen. Und wie lang ist unser Atem, wenn es darum geht, anderen einen Fehler oder ein Versäumnis nachzutragen!

Gottes Geduld will uns helfen, dass wir uns nicht mehr so oft jagen lassen von der Angst, etwas zu verpassen, während wir auf ein Ziel zugehen. Und sie lädt uns ein, unsern Mitmenschen das Recht einzuräumen, aus einem Fehler zu lernen, das gleiche Recht, das wir uns selbst so selbstverständlich zugestehen.

Dadurch gewinnt auch die verrinnende Zeit eine neue Qualität. Es entsteht eine neue Rangliste, welche Aufgaben als Nächstes zu erledigen sind und welche Wünsche am dringlichsten auf Erfüllung warten. Und so werden wir frei von dem würgenden Druck unermüdlicher Wahrscheinlichkeitsrechnungen, wie viele Jahre uns wohl noch bleiben. Zeit wird uns ja niemals in leeren Behältern zugeteilt. Fünf Jahre Krankenlager in quälender Einsamkeit, unter täglichen Schmerzen und ohne Aussicht auf Besserung oder drei Jahre sinnvoller Arbeit, geborgen in einer liebevollen Gemeinschaft – wer fragte, wenn er vor eine solche Wahl gestellt würde, noch nach der Zahl der Tage?

Aber die Barmherzigkeit Gottes schließt auch ein, dass wir so nicht wählen müssen, denn „seine Güte ist alle Morgen neu", und seine Geduld bewirkt in unserem Glauben eine Hoffnung, die „nicht zuschanden werden lässt".

GEBET

Ich will mich bergen in deiner Barmherzigkeit, Gott, damit ich geduldiger werde mit mir und meinen Nächsten und erkenne, wozu du mich heute rufst. Amen.

LIED

Es kommt ein Schiff, geladen (EG 8)

7. Vertreten, nicht ersetzen

*Alles, was ihr tut mit Worten oder mit Werken,
das tut alles im Namen des Herrn Jesus und
dankt Gott, dem Vater, durch ihn.* Kolosser 3,17

AUSLEGUNG

„Im Namen des Vaters und des Sohnes und des Heiligen Geistes", das ist uns vertraut. Was wir jetzt tun, tun wir in seinem Namen. Er hat uns beauftragt, er wird dafür sorgen, dass das keine leeren Worte bleiben.

Aber nun heißt es: „Im Namen des Herrn Jesus". Ist das weniger? Oder anderes? Ich denke, der Apostel will hier dem „Im Namen Gottes" ein unverwechselbares Gesicht geben. „Im Namen Gottes", das kann auch von einer strafenden Instanz in Anspruch genommen werden, wie etwa in der furchtbaren Zeit der Inquisition. Mit dieser Formel konnten auch Kriege gerechtfertigt werden. Die abfällige Redensart „na, in Gottes Namen" ist bis heute ein Rest dieses Missbrauchs. Aber „im Namen des Herrn Jesus", da wird eine ganz bestimmte Geschichte aufgerufen, die in vielen Einzelheiten erzählbar und nachvollziehbar ist, von der Krippe bis zum Kreuz. Damit wird wie von selbst ein Maßstab eingezogen, an dem sich nun alles messen lassen muss: „Alles, was ihr tut mit Worten oder mit Werken".

Wenn in unserem Alltag jemand „im Namen" eines anderen einen Auftrag erteilt oder ein Schriftstück unterzeichnet, dann klingt das leicht nach Ersatz. Wir hätten aber lieber das Original. Dieser negative Klang ergibt sich aus der Entdeckung der bürgerlichen Freiheitsrechte in der Aufklärung, die ein Gebot Jesu ins politische Bewusstsein hob. Wenn alle Menschen vor dem Gesetz gleich sind, hat letztlich jeder seinen unvertretbaren Wert. Dabei übersehen wir leicht das Entlastende, das in solcher Stellvertretung auch liegt. Ich kann nicht alles selbst machen, ich darf, ja ich muss in einem demokratischen Gemeinwesen Aufgaben und Rechte delegieren. Gerade so werde ich von vielem befreit, kommt jeder zu seinem unveräußerlichen Recht.

So sollten wir auch das „Im Namen Jesu" verstehen: Nicht als eine geliehene Autorität, sondern als eine geschwisterliche Vernetzung, die jedem Einzelnen Geltung verschafft. Dann danken die Menschen durch Jesus Gott als ihrem Vater.

GEBET

Ich bin froh, Gott, dass ich dir durch Jesus in die Augen schauen kann. Hilf mir, meinen Teil an Verantwortung zu übernehmen, den du mir damit überträgst. Amen.

LIED

Jesus soll die Losung sein (EG 62)

8. Begreifen ohne Begriffe

Wir sahen seine Herrlichkeit, eine Herrlichkeit
als des eingeborenen Sohnes vom Vater,
voller Gnade und Wahrheit. Johannes 1,14

AUSLEGUNG

Wie ein weiter Weg in unbekanntes Gelände liegt das neue Jahr vor uns. Aber wir wissen, wo wir herkommen. Diese Vergangenheit begleitet uns wie ein festes Geländer.

Johannes sagt: „Wir sahen seine Herrlichkeit", es geht um irdische Geschichte. Aber wenn er dann umschreibt, *was* „wir" da „sahen", dann wird deutlich: Das ist nicht vorbei, diese „Herrlichkeit" ist durch die Auferstehung Jesu Christi bleibende Gegenwart. Daran kann man sich festhalten in allen Unsicherheiten des Weges.

Ein kluger Mann soll einmal auf die Frage, was das Besondere und Unverwechselbare am christlichen Glauben sei, mit einem einzigen Wort geantwortet haben: „Abba". Jesus, der „eingeborene Sohn", hat Gott in seiner aramäischen Sprache mit „Abba" angesprochen, im Deutschen so viel wie „Papa" oder „Vati". Und er hat die im Glauben adoptierten Geschwister daran teilhaben lassen: „Darum sollt ihr so beten: Unser Vater im Himmel ..."

Wie sehr die Jünger das als eine einzigartige Erlaubnis verstanden haben, erkennt man daran, dass sogar Paulus, der nur griechisch sprach und schrieb, diese aramäische Anrede übernommen hat: „Gott (hat) den Geist seines Sohnes gesandt in unsre Herzen, der da ruft: Abba, lieber Vater!" (Gal 4,6)

Die Herrlichkeit Christi besteht darin, dass er uns in seine intime Nähe zu Gott mitnimmt. Eigentlich schließt die Majestät Gottes die Nähe eines Menschen aus. Selbst Mose muss lernen: „Kein Mensch wird leben, der mich sieht." (Ex 33,20) Aber in der Sendung des Sohnes hat sich die Wahrheit Gottes mit der Gnade verbündet. Wir dürfen, im Bild gesprochen, den „einzig geborenen Sohn" ins Kinderzimmer begleiten und so an seiner Nähe und seinem Vertrauen zum Vater teilhaben.

GEBET

Manchmal gelingt es mir, Gott, mich in deiner Vaternähe geborgen zu fühlen. Hilf mir, Jesus Christus, dass sich dieser Friede nicht an Stimmungen festmacht, sondern an dir. Amen.

LIED

Dir, dir, o Höchster, will ich singen (EG 328,4)

9. Finsternis herrscht, Licht wird

*Die Finsternis vergeht und das wahre Licht
scheint jetzt.* 1. Johannes 2,8

AUSLEGUNG

Wer im Dunkeln umherirrt, dem genügt schon
ein kleiner Lichtschein, um Hoffnung zu schöp-
fen und ein Ziel ins Auge zu fassen.

Oder: Wie rasch findet sich meist ein Gegen-
stand im ersten Licht des neuen Tages wieder, der
einem am Abend vorher aus der Hand gefallen
war und den man bei künstlicher Beleuchtung
vergeblich gesucht hat. Licht durchdringt und
vertreibt die Finsternis. Dunkles hat keine ver-
gleichbare Kraft. Nur wenn wir das Licht mühsam verhüllen, kann Finsternis herrschen. Für die
Menschen im Mittelmeerraum war und ist die
tägliche Phase der Dämmerung viel kürzer als bei
uns. Sie empfinden schon den Wechsel zwischen
Tag und Nacht viel härter.

Kein Wunder, dass Licht und Finsternis in allen Religionen der Antike zu wichtigen Symbolen
wurden.

Die Weisen aus dem Morgenland finden den
Weg zur Krippe mit Hilfe eines Sterns. Und als das
Evangelium wenige Jahrzehnte später die Haupt-

stadt Rom erreicht, erscheint es den Christen dort bald sachgemäß, das Fest der Geburt ihres Herrn auf den überlieferten Feiertag des *sol invictus* zu legen – das Fest des „Gottes der unbesiegbaren Sonne".

Fortan hatte die Christgeburt zwei Akzente: Der Messias wird im Dunkel von Ohnmacht und Armut geboren (25. Dez. – Lukas), aber er ist die Erscheinung des Lichts für die ganze Welt (6. Jan. – Matthäus).

Der Wochenspruch redet im Präsens: Heute, jetzt in diesem Augenblick vertreibt das Licht die Finsternis – oder es geschieht eben nicht. Damit aus Helligkeit wirklich Hoffnung und Begegnung wird, müssen wir uns bewegen. Der nächste Satz im 1. Johannesbrief lautet: „Wer sagt, er sei im Licht, und hasst seinen Bruder, der ist noch in der Finsternis" (V 9). Weil Gott Mensch wurde und so sein Licht auf die Erde brachte, werden wir, werden alle Menschen als Lichtträger gebraucht.

GEBET

Wir sehnen uns nach dem Licht deiner Wahrheit, Gott. Gib, dass wir uns davon erfüllen lassen und es so weitertragen. Amen.

LIED

O König aller Ehren (EG 71)

10. Windkraft

Die der Geist Gottes treibt, die sind Gottes Kinder.
Römer 8,14

AUSLEGUNG

Wer mit dem Auto eine Tankstelle anfährt, muss wissen, was den Wagen antreibt: Normalbenzin, Super, Diesel oder Gas, demnächst vielleicht auch Strom. Und wie ist das im übrigen Leben? Wissen wir, was uns „treibt"?

Der Geist Gottes – hebräisch weiblich die „ruach" – wird im Alten Testament auch als Gottes Atem verstanden. Die „ruach" ist immer beides: Ausdruck von Gottes Lebendigkeit und zugleich die von ihm ausgehende Kraft, die seinen Willen ausführt. Dass ein Mensch sagt oder tut, was Gott will, z.B. ein Prophet oder ein König, ist Wirkung des Geistes Gottes. Aber diese Unmittelbarkeit bedeutet auch ein Geheimnis. „Der Wind bläst, wo er will, und du hörst sein Sausen wohl; aber du weißt nicht, woher er kommt und wohin er fährt", umschreibt Johannes (3,8) dieses Geheimnis anschaulich.

Das Evangelium dieser Woche erzählt von der Taufe Jesu. Jesus tritt in der Taufe auf die Seite der Sünder, die von Johannes Vergebung ihrer Sünden erhoffen. Deshalb sieht er „den Geist Gottes wie

eine Taube herabfahren und über sich kommen"
(Mt 3,16). Gott sagt ja, du sollst die Menschen aus
der Sünde erlösen. Wir treten durch unsere Taufe
in diese Gotteskindschaft ein.

Der Geist, der uns treibt, muss sich also nicht
durch besondere Erfahrungen von Begeisterung
oder gar durch vorübergehende Ekstase bemerk-
bar machen. Charismatische Gruppen, die auf
solche Erscheinungen Wert legen, gehen damit ja
gerade auf Abstand zu den „Kindern dieser Welt",
während Jesus sich bewusst in ihre Mitte gestellt
hat. Wir sollten mit der Bibel den Geist als „Atem
Jesu" verstehen. Vom Auferstandenen heißt es: „Er
blies die Jünger an und sprach: Nehmt hin den
heiligen Geist" (Joh 20,22). Dann ist es sein Wort,
das uns sagt, was zu tun ist, und wir suchen in seiner Nähe nach den Maßstäben unseres Handelns.
„Du bist mein Atem, wenn ich zu dir bete" (EG
382,3).

GEBET

Manchmal spüre ich, dass ich auf dem richtigen
oder auf dem falschen Weg bin, Gott. Aber vage
Gefühle genügen nicht. Gib mir Mut und Geduld,
mich auf dein Evangelium einzulassen. Amen.

LIED

Freut euch, ihr Christen alle (EG 129)

33

11. Geländer oder Wegweiser

Das Gesetz ist durch Mose gegeben; die Gnade und Wahrheit ist durch Jesus Christus geworden.
Johannes 1,17

AUSLEGUNG

Auf den ersten Blick gleicht unser Leben einem Weg, auf dem wir unterwegs sind vom Gestern zum Morgen. Mal langsamer, mal schneller, mal allein, mal in Gemeinschaft. Aber schon der zweite Blick entlarvt diese Sicht als naive Selbsttäuschung: In welche Richtung geht es denn vorwärts und in welche zurück? Und bestimmen wir wirklich selbst das Tempo und wer uns begleitet?

Der Wochenspruch verweist auf die Zehn Gebote. Sie geben uns Schutz und Orientierung. Und für alles andere, was unterwegs wichtig ist oder werden könnte, stehen die Gnade und die Wahrheit durch Jesus Christus. Dazu zählt, um im Bild zu bleiben: dass wir krank werden und uns die Kraft verlässt. Uns können Zweifel kommen, ob wir nicht doch über das Geländer klettern und den Weg in die Freiheit wählen sollen. Streit kann entstehen mit denen, die mich begleiten. Ein Gestürzter bittet vielleicht um Hilfe. Kann ich mir leisten, bei ihm zu verweilen? Oder jemand hat mich zu Fall gebracht, und ich überlege, wie ich darauf reagiere. Für all diese Möglichkeiten finden wir Hilfe und Rat in der „Gnade und Wahrheit, die durch Jesus Christus geworden ist", sagt Johannes.

Sind die beiden Satzteile also als Addition gemeint: die Zehn Gebote fürs Geländer und das Evangelium für alle anderen Probleme? Oder besteht ein Rangunterschied? Paulus und in seinem Gefolge Luther würden gewiss das Letzte bejahen.

Das Gesetz ist ohne Zweifel eine Hilfe, aber vor dem Gesetz merke ich auch, dass ich ihm nicht genüge. In diesem Erschrecken kommt mir Gott durch die Gnade in Jesus Christus zu Hilfe. Auf dem Weg des Gesetzes allein schlagen wir das Angebot der Gnade in den Wind.

Johannes sieht die beiden Satzteile wohl nicht in diesem scharfen Gegensatz. Er meint: Mit dem Gesetz hat es einmal angefangen, aber dann ist – Gott sei Dank! – das Evangelium gekommen.

GEBET

Ich weiß, mit meinen Beinen allein komme ich nicht ans Ziel, Gott. Hilf mir, das Angebot deiner Lebensordnung zu nutzen, wo Gefahren drohen, aber lass mich vor allem auf deine Gnade vertrauen, die mich allein retten kann. Amen.

LIED

Nun lasst uns gehn und treten (EG 58)

12. Allein auf weiter Flur

Es werden kommen von Osten und von Westen,
von Norden und von Süden, die zu Tisch sitzen
werden im Reich Gottes. Lukas 13,29

AUSLEGUNG

Manchmal warten wir darauf, dass jemand
kommt und sein Leben mit uns teilt. Wenn ich
mich einsam fühle, fehlt mir die Kraft, etwas
Sinnvolles oder Erfüllendes zu tun.

Manchmal fühlen wir uns aber auch bedrängt
und meinen, nicht mehr zu unserem Recht zu
kommen. Manche denken zum Beispiel, es kommen immer mehr Fremde und nehmen uns die
Luft zum Atmen. Gemeinschaft ist schön, ich erlebe, dass ich anderen etwas bedeute.

Aber sich eingeengt zu fühlen, sich nicht mehr
entfalten und nicht mehr mithalten zu können,
das ist bedrohlich. Die Angst, die da entsteht,
macht sich schnell in Gewalt Luft.

Jesus beschreibt das Reich Gottes öfter im Bild
eines großen Festes. Ein Fest ist eine gute Gelegenheit, die Angst des Einzelnen vor der Einsamkeit
und die Sorge, nicht zu seinem Recht zu kommen,
im Geist der Gemeinschaft zu überwinden. Denn

wenn es gut geht, dann hat ein Fest eine Form, eine Struktur, die dem Einzelnen seinen Platz zuweist und die Gemeinschaft in den Mittelpunkt stellt. Jeder hat im Ablauf des Festes seine Rolle und seinen Ort, niemand muss sich übergangen oder verdrängt fühlen.

Die Feste, von denen Jesus im Evangelium redet, haben alle eine Tendenz zu unseren Abendmahlsfeiern. Auch da gilt – sollte jedenfalls gelten: Jede(r) ist wichtig, alle sind eingeladen. Aber die Feier schließt auch alle zusammen: Fromme und Zweifler, Starke und Schwache, Menschen mit verschiedenen Hautfarben und politischen Überzeugungen – allen liefert sich Christus mit der gleichen Demutsgeste aus: Mein Leib, für dich zerbrochen, mein Blut, für dich vergossen.

GEBET

Hilf mir, Gott, dass ich Zugang finde zur Feier des Abendmahls in der Gemeinschaft mit dir. Und hilf mir, wenn mir diese Feier vertraut und lieb ist, dass ich mithelfe, sie anderen zugänglich zu machen, damit niemand abseits steht. Amen.

LIED

Wir sind zum Mahl geladen (EG NB 570)

13. Wunder sind nicht blau

Kommt her und sehet an die Werke Gottes,
der so wunderbar ist in seinem Tun
an den Menschenkindern. Psalm 66,5

AUSLEGUNG

Wir brauchen es, dass Menschen uns einladen, die
Erfahrungen mit Gott gemacht haben. Von uns
aus können wir oft die Wunderwerke Gottes nicht
sehen.

Aber so nötig solche Einladungen sind, so wichtig ist auch, dass sie wirklich einladend ausfallen
und nicht besserwisserisch oder frömmelnd da-
herkommen. Gerade im Bereich der persönlichen
Glaubensberichte gibt es eine Art, religiöse Erfahrungen zu beschreiben, die nur auf eins zielt: auf
eine offenbar verbreitete Schlüsselloch-Mentalität,
die heimlich Intimitäten ausspäht. Paulus gibt in
der Epistel des Sonntags ein Beispiel, wie aus der
Erinnerung an eine wunderbare Errettung eine
Einladung an andere wird, auf Glauben zu setzen
(2. Kor 1,8ff).

Viele Menschen haben zu Wundern ein ge-
spaltenes Verhältnis. Einerseits bereiten sie, vor
allem wenn die Bibel davon erzählt, unserem na-
turwissenschaftlich geschulten Verstand Schwierigkeiten. Was da erzählt wird, ist nach unserer
Erfahrung nicht möglich. Auf der anderen Seite

wundern wir uns eigentlich gern, denn wundern öffnet die Fenster unseres Lebensraumes, macht ihn größer und weiter und lässt frische Luft für mehr Lebensfreude herein. Zauberer, die uns, wie sie selbst zugeben, nur ein X für ein U vormachen, sind deshalb überall gern gesehene Unterhaltungs-künstler.

Wir sollten lernen, die biblischen Wunder-geschichten nicht an der Elle heutiger Zeitungs-berichte zu messen. Das Lebensgefühl und die Lebenserfahrung der Menschen, die sie uns er-zählen, waren in vieler Hinsicht anders als unsere. Nehmen wir die Wunder der Bibel als Ausdruck der Freude, die diese Menschen im Glauben fan-den! Dann können sie uns die Augen öffnen für Wunder, die Gott heute unter uns tut, innerhalb und außerhalb unserer naturwissenschaftlichen Erkenntnisse.

GEBET

Ich möchte Worte finden für das Wunder meines Lebens, Gott, Worte, die mich freuen und andere zu dir einladen. Hilf mir, dass ich mich nicht irre machen lasse von Argumenten, mit denen Men-schen nur ihr eigenes Schäfchen ins Trockene zu bringen trachten. Amen.

LIED

Gott ist gegenwärtig (EG 165,5)

14. Urteile „fällen"

Der Herr wird ans Licht bringen, was im Finstern
verborgen ist, und wird das Trachten der Herzen
offenbar machen. 1. Korinther 4,5b

Auslegung

Gelegentlich weiß ich nicht, was ich eigentlich
will. Dann hilft es manchmal, in Ruhe in sich
hineinzuhorchen. Aber was der Apostel hier an-
spricht, reicht noch sehr viel weiter, der Zusammenhang macht es deutlich: Am Jüngsten Tag
wird herauskommen, was jetzt noch unsichtbar
ist – und weil das so ist, sollen wir nicht „vor der
Zeit richten", also keine Urteile aussprechen, die
nicht mehr zurückgenommen werden können.

Die Sehnsucht, dass irgendwann einmal die
Wahrheit ans Licht kommt, ist uralt und ewig
jung. Sie nährt sich von den Erfahrungen der Un-
terdrückten und Erniedrigten. Wie viele so um
ihr Recht Betrogene haben Jahre und Jahrzehnte
gehofft und sind schließlich gestorben – und ihre
Ansprüche mit ihnen! Wie viele haben aber auch
Ehre und Ruhm eingestrichen für etwas, das gar
nicht ihrem Einfall oder ihrer Initiative entsprun-
gen ist. Ihnen allen wird hier zugesagt: Der Herr
wird's ans Licht bringen.

40

Paulus kann so schreiben, weil er mit dem Propheten Jeremia fest daran glaubt: „Der Herr unsere Gerechtigkeit" (Jer 23,6). Die entscheidende Triebkraft dieser Gerechtigkeit ist die Gnade, nicht irgendein Paragraph. Darum müssen diejenigen, denen in ihrem Leben keine menschliche Gnade zuteil wurde, am Ende der Geschichte von Gott überreich beschenkt werden. Daraus folgt aber zwingend: Wir sollen in allen jetzt unvermeidlichen Urteilen sehr sorgfältig und behutsam sein und sollten uns allem „ohne zu fackeln" und „ein für allemal" in den Weg stellen. Allen unsern Urteilen, auch den sorgfältigsten und durch Beweise abgesicherten, fehlt das Licht der Offenbarung.

Gebet

Gib uns heute schon etwas von deiner Hellsichtigkeit, Gott, damit wir mutig für Gerechtigkeit eintreten, wo alle nur ihre Ruhe haben wollen. Amen.

Lied

O Jesu Christe, wahres Licht (EG 72)

15. Klare Sicht

Über dir geht auf der Herr, und seine Herrlichkeit erscheint über dir. Jesaja 60,2

AUSLEGUNG

Manchmal „habe ich kein Auge" für das, was außerhalb meiner selbst liegt: außerhalb meiner Angst, meiner guten Laune, meiner Gier. Ich sehe nur, was mich momentan ganz in Beschlag nimmt, und das bindet alle meine Kräfte. Befreiung, Erlösung beginnt mitunter schon damit, dass ich mehr und weiter sehen kann. Dann hört das, was im Augenblick vor mir liegt, auf, mir den Blick zu verstellen. Es bekommt seine wahre Dimension, in der Breite wie in der Tiefe. Was mir Angst macht, wird auf einmal kleiner und weniger bedrohlich. Und was mich fasziniert, bekommt ein Umfeld. Ich merke, dass es mehr zu bedenken gibt. Andere Menschen kommen in den Blick, andere Hoffnungen und Sorgen. Ich kann abwägen, wählen, entscheiden. Daraus erwächst eine freie Konzentration auf das Wesentliche, und das ist etwas ganz anderes als die gebündelte Gier, die nur das Eine sieht.

Kann ich selbst etwas tun, um diese Veränderung herbeizuführen? Manchmal kommt sie ganz von selbst, ist es wie das Aufwachen aus einem Albtraum. Statt Finsternis ist auf einmal Licht da, und ich frage mich, warum ich das vorher nicht gesehen habe. Gott kann „aufgehen" wie die Sonne. Solchem Aufgang kann man nicht nachhelfen. Selbst wer mit dem Flugzeug nach Osten, der Sonne entgegen fliegt, holt sich nur einen Jetlag.

Nein, das Einzige, was wir tun können, ist, es uns sagen zu lassen: Seine Herrlichkeit erscheint über dir. Ein Auge bekommen dafür, dass mehr und anderes zu sehen ist als meine Last oder meine Lust, dazu können die Geschichten des Evangeliums helfen. Jesus hat Menschen auf vielfältige Weise gut getan. Er hat Schlimmes erlitten. Aber selbst sein qualvoller Tod wurde durch Gott zur Tür ins Leben. Man lernt mit diesen Geschichten, genauer und tiefer zu sehen.

GEBET

Lass uns in der Finsternis unseres Eigensinns nicht versinken oder in die Irre gehen, Gott. Geh auf als das Licht, das gangbare Wege erkennen lässt und Mut macht, sie unter die Füße zu nehmen. Amen.

LIED

Das Volk, das noch im Finstern wandelt (EG 20)

16. Vertrauen ist besser

Wir liegen vor dir mit unserm Gebet und vertrauen nicht auf unsre Gerechtigkeit, sondern auf deine große Barmherzigkeit. Daniel 9,18

AUSLEGUNG

Eine ordentliche Portion Selbstvertrauen ist eine gute Voraussetzung, um die kleinen und großen Anforderungen des Lebens zu meistern. Wer mit Kindern umgeht, weiß, dass man dafür in jungen Jahren die Wurzeln legen muss – und doch nur begrenzt kann. Die Erfahrungen, aus denen Selbstvertrauen wächst, sind vielfältig. Wissen, was man kann und was nicht, ist nur eine davon.

Gelten im Glauben andere Maßstäbe? Wir müssen hier offenbar sehr genau hinschauen. Selbstvertrauen und Gottvertrauen – das ist kein Gegensatz, weil Gott unser Vater und unsere Mutter ist. Er will, wie alle vernünftigen Eltern, dass wir ein lebenstüchtiger Mensch werden, durch Selbstvertrauen. Allerdings: Die Verantwortung, die uns der himmlische Erzieher zumutet, ist noch größer als die, die uns unsere Eltern eröffnen, denn der Schöpfer hat uns seine ganze Schöpfung anvertraut. Es gibt für Christen keinen Bereich, in dem wir sagen dürften: Das geht mich nichts an – weder im privaten noch im politischen Leben.

44

Im Gebet werden wir uns dessen bewusst. Wir beten für Menschen in der Nähe und in der Ferne, für „Große" und „Kleine". Und wenn es recht geschieht, dann ist unser Beten ein „informiertes Beten". Wir werfen Gott die Dinge nicht gedankenlos vor die Füße wie ein Kleinkind die Spielsachen, die es momentan nicht interessieren. Sondern wir bemühen uns, herauszufinden, was denen hilft, für die wir beten, und bitten Gott um seine Geistesgegenwart, um bessere Einsicht bei anderen wie bei uns, um Veränderung von Verhältnissen, die Menschen daran hindern, ihre Verantwortung wahrzunehmen.

In einem freilich bleiben wir lebenslang ganz auf Gott angewiesen: Für unsere „Gerechtigkeit" können und müssen wir nichts tun, die ist allein das Werk göttlicher Barmherzigkeit. Dass Gott uns vergibt und erlöst, dazu müssen wir nichts beitragen, weder Moral noch Glauben. Im Glauben nehmen wir das nur wahr! Das allerdings schafft ein Selbstvertrauen, das sogar den Tod nicht fürchtet.

GEBET

Du kannst und willst uns brauchen, Gott. Bewahre uns vor falschen Forderungen, von außen wie von innen. Hilf uns zu leben als deine selbstbewussten Söhne und Töchter. Amen.

LIED

Gott liebt diese Welt (EG 409)

17. Ganz Ohr

Heute, wenn ihr seine Stimme hören werdet,
so verstockt eure Herzen nicht. Hebräer 3,15

Auslegung

Gott ist durch Jesus Christus ganz Wort. Deshalb können wir nichts Besseres tun, als ganz Ohr zu sein.

Wenn jemand zu mir sagt: Ich bin ganz Ohr, dann tut er das in der Regel mit einem kleinen schelmischen Lächeln. Das soll mir signalisieren: Mach dir keine Sorgen! Ich werde jetzt an nichts anderes denken. Sei gewiss, dass dein Anliegen bei mir bestens aufgehoben ist. Aber das bedeutet keine Garantie, dass ich am Ende eine befriedigende Antwort auf meine Frage bekomme. Oder dass mir in einer Sache geholfen wird, in der ich nicht weiterweiß. Nur eins steht fest: In den folgenden Minuten ist einer mit seiner Anteilnahme, seinem Wissen und Können ganz bei mir.

Natürlich kann man sagen: Gott braucht es nicht, dass wir ganz Ohr sind. Er ist weder auf unser Interesse noch auf unsere Hilfe angewiesen. Und doch: Er redet mit mir. Ich bin ihm so wichtig, dass er ganz Wort wird für mich. Deshalb soll ich ganz Ohr sein für ihn. Das bedeutet keine

46

Überforderung. Gott braucht nicht unsern Rat, um die Welt zu regieren. Mit unserer Tatkraft können wir sicher nur sehr wenig von dem Schmerz lindern, den er angesichts von Not und Elend in der Welt erleidet. Trotzdem, so viel können wir tun: für eine begrenzte Zeit ganz Ohr für ihn sein, heute unser Herz nicht verstocken, wenn wir seine Stimme hören. Alles Weitere wird sich finden.

Für die eine mag sich das ereignen in einer geistlichen Besinnung, einer täglichen Bibellese, einer Phase gesammelten Betens. Für den anderen erfolgt der Anruf vielleicht ganz überraschend, als Nachricht, mit der er (so) nicht gerechnet hat, als Bild, auf das sein Blick im Vorbeigehen fällt. Einer Dritten wird die Stimme eines anderen Menschen zu Gottes Stimme, eine Bitte, eine wegwerfende Bemerkung, eine Zärtlichkeit. Wir können nicht immer ganz Ohr sein. Gebe Gott, dass wir's sind, wenn er zu uns redet!

GEBET

Ganz nah bist du uns mit deiner Stimme, Gott. Lass uns aufhorchen aus unseren Zweifeln, ob es dich überhaupt gibt, und einem Planen, das nur um uns selbst kreist. Amen.

LIED

O Gott, du höchster Gnadenhort (EG 194)

18. Schritt halten

*Seht, wir gehen hinauf nach Jerusalem, und es wird
alles vollendet werden, was geschrieben ist durch die
Propheten von dem Menschensohn.* Lukas 18,31

AUSLEGUNG

In Zeiten wie diesen fällt es schwer, Ziele ins Auge
zu fassen, noch schwerer, sie genau und planbar
zu formulieren. Wir sind so sehr mit dem Gegenwärtigen beschäftigt. Die Lage ist unübersichtlich,
die Schwierigkeiten sind groß. Auch Beglücken-
des öffnet oft keine neuen Räume, sondern zer-
bröckelt in Annehmlichkeiten.

Die vor uns liegende Passionszeit will vor allem
dies: unsern Erfahrungen durch die Erinnerung
an den Leidensweg Jesu eine Perspektive geben.
Wir sind mit und durch Jesus Christus unterwegs
zu einem Ziel, in dem sich das Leben vollenden
wird. Aber wir sind dabei unvermeidlich Wegge-
nossen seiner Passion.

Drei Stichworte verdienen besondere Beach-
tung: Jerusalem, die Stadt des Tempels, der Pas-
sapilger und der Messiaserwartung, die eben deshalb aber auch unter besonderer Beobachtung
der römischen Besatzer steht. In der Provinz, im
„Galiläa der Heiden", lebt der Glaube zwar auch
nicht in der Idylle oder im Paradies. Aber in der
Zentrale, in Jerusalem, gibt es viel weniger Mög-

lichkeiten, mit einer gemütlichen Sonntagskirche der Frage nach den politischen Konsequenzen des Evangeliums auszuweichen.

„Was geschrieben ist": Unser Vertrauen hat eine Geschichte der Bestätigungen und Korrekturen durch Gottes Wort. Seine Treue entbindet uns von dem Drang, uns und unsern Glauben eigenmächtig neu erfinden zu wollen. Wir können uns sagen lassen, wohin die Reise geht. Jesus sagt Ja zum Kreuz, weil er sich die Liebe nicht ausreden lässt.

Schließlich: „Wir gehen". Da ist kein Platz für Standpunkte, aber auch keiner für Wohlfühlangebote. Als Christusnachfolger schlendern oder schleichen wir nicht durch die Zeit. Wir gehen. In den mancherlei Sänften, die uns der Wohlstand anbietet, kann unser Platz nicht sein. Aber wenn wir Jesus auf seinem Weg nach Jerusalem im Auge behalten, werden uns auch die zahllosen Ungenauigkeiten und Gefahren nicht von dem Weg abbringen, der in die Vollendung mündet.

GEBET

Schmerzen und Vergeblichkeit, wir wollen das nicht verharmlosen, aber auch nicht verdrängen, Gott. Hilf uns, dein Kreuz im Auge zu behalten, hinter dem das Leben wartet. Amen.

LIED

Lasset uns mit Jesus ziehen (EG 384)

19. Zum Teufel mit der Ohnmacht

*Dazu ist erschienen der Sohn Gottes, dass er
die Werke des Teufels zerstöre.* 1. Johannes 3,8

AUSLEGUNG

Jedes Leiden ist mit Ohnmachtserfahrungen verbunden. Wir können einen Schmerz nicht abstel-
len, ein böses Ereignis nicht ungeschehen machen.
Die aus dem Lateinischen stammenden Worte
„Passion" für Leiden und „passiv" für untätig sein,
machen diesen Zusammenhang sichtbar. Und
weil uns Leid so lähmt, sind wir alsbald in der Ver-
suchung, Gott infrage zu stellen. Denn er scheint
versagt zu haben.

Die Bibel spricht in diesem Zusammenhang
vom Teufel. Sie will damit deutlich machen: Das
bin nicht ich, wenn ich an Gott zweifle. Ich habe
ja keine Kraft mehr, dem Leiden zu widerstehen.
Oder anders: Wenn ich Gott danke für die viel-
fältigen Wunder seiner Schöpfung, wem soll ich
dann anrechnen, was offensichtlich nicht gut ist
auf dieser Erde? Wir sind damit als Christen nicht
aufgerufen, an den Teufel zu glauben – Gott allein
verdient unsern Glauben. Aber wenn es Menschen
leichter fällt, das Rätsel zu ertragen, dass wir immer wieder ohne Gott zu leben versuchen, dann
kann ich die Redeweise akzeptieren: Der Teufel
versucht uns.

Das Evangelium erzählt, wie Jesus in der Wüste versucht wird. Bei ihm ist das die unmittelbare Folge seiner Taufe durch Johannes; denn in dieser Taufe hat er sich bewusst in eine Reihe mit den Menschen gestellt, die auf Sündenvergebung angewiesen sind. Damit beginnt aber ein Weg, auf dem die Werke des Teufels zerstört werden; denn indem Christus die Liebe Gottes in jeden dunklen Winkel des Menschseins bringt, hört für uns der Zwang auf, Finsternis und Leiden als Zeichen der Abwesenheit und des Versagens Gottes zu sehen. Wir können von Jesus und mit seiner Hilfe lernen: Auch wenn ich das Unerträgliche nicht aushalten oder erklären kann – ich darf Gott glauben, dass seine Liebe weiß, was sie tut. Das nimmt den Erfahrungen Passion und passiv die gemeinsame Wurzel: Ich entdecke Möglichkeiten, etwas gegen das Elend zu tun. Ich muss es ja nicht mehr „abschaffen", um zu beweisen, dass es Gott gibt. Ich kann die kleinen Schritte konkreter Hilfe gehen.

GEBET

Sei du meine Kraft, wenn ich mich kraftlos fühle, Gott, damit deine Liebe recht behält. Amen.

LIED

Gott lebet, sein Name gibt Leben (EG W 613) *oder* Komm, o komm, du Geist des Lebens (EG 134)

20. Reflektor, nicht Dynamo

*Gott erweist seine Liebe zu uns darin, dass Christus
für uns gestorben ist, als wir noch Sünder waren.*
Römer 5,8

Auslegung

Es ist nicht egal, wie wir leben als Christen. In den
Zehn Geboten hat uns Gott gesagt, was sein Wille
ist und wie wir miteinander umgehen sollen, mit
unsern Mitmenschen und mit ihm, mit Gott. Unser Tun und Glauben sind immer eine Folge, nie
die Voraussetzung. Wir predigen und leben ein
„anderes Evangelium", wenn auch nur der Schatten eines Zweifels auf das Fundament des Evangeliums fällt: Christus ist für uns gestorben, als wir
noch Sünder waren.

Das ist nicht nur wahr, weil unsere Ahnen noch
Heiden waren, als Jesus gelebt hat. Auch die Römer,
an die Paulus diesen Satz schreibt, haben wohl erst
Jahre nach Jesu Tod und Auferstehung überhaupt
von ihm gehört. Aber entscheidend ist, dass dieses
„für uns" für jeden Menschen und zu allen Zeiten
eine Tat Gottes ist, die all unserem Hören und Annehmen und Ernst damit machen grundsätzlich
vorweg läuft. Wehe uns, wenn wir die Erkenntnis
Martin Luthers in irgendeiner Weise verwässern:
Allein Gottes Gnade ist es, dass wir leben dürfen
als seine Kinder, dass wir erlöst werden.

Immer wieder haben gerade die, denen Gott und sein Evangelium wichtig sind, besorgt gefragt: Aber es kann doch nicht völlig egal sein, wie einer lebt und was er tut oder nicht tut. Die unzweideutige Antwort des biblischen Evangeliums darauf lautet: Doch, für die Liebe Gottes, die im Kreuz Christi offenbar wird, ist das „egal". Seine Liebe lässt sich nicht nach dem Maßstab unserer Liebenswürdigkeit in größere oder kleinere Portionen aufteilen. Sie gilt immer ganz und für jeden.

Wir werden nicht aufhören, uns gegenseitig einzuladen, zu ermuntern, zu helfen, diese Liebe Gottes zu „reflektieren", im doppelten Sinn des Wortes: sie zurück und weiter zu strahlen wie ein Spiegel und uns im Einzelnen klarzumachen, was das in den verschiedenen Alltagslagen bedeutet. Schon das Neue Testament selbst ist ja voll von solchen „Reflexionen". Aber der eine Satz, der allem vorweggeht und zu Grunde liegt, darf dadurch nicht beschädigt werden: Christus ist für uns gestorben, als wir noch Sünder waren.

GEBET

Gott, hilf mir. Ich will mich nicht einrichten mit dem bequemen Satz: Das muss jeder selbst wissen. Aber vor allen Dingen will ich dir und deiner Liebe nicht im Weg sein. Amen.

LIED

Komm in unsre stolze Welt (EG 428)

21. Keine krummen Sachen

*Wer seine Hand an den Pflug legt und sieht zurück,
der ist nicht geschickt für das Reich Gottes.* Lukas 9,62

AUSLEGUNG

Auf die Richtung kommt es an. Das genaue Hin-
sehen allein macht es nicht. Und der radikale Ein-
satz, für sich genommen, auch nicht.

Nach vorn sehen – manchmal wird das auch
gefordert, wenn Menschen noch damit beschäftigt sind, ein Ereignis zu bedenken und zu ver-
arbeiten. Vorsicht! Es gibt zweifellos Situationen,
da muss man jemanden behutsam von einem
Unglück wegführen. Er – oder sie – könnte sonst
in seiner eigenen Trauer ertrinken. Aber wenn
die Forderung heimlich oder offen auf jenen
„Schlussstrich" hinausläuft, der angeblich „endlich gezogen" werden muss, dann kann man sich
dort sicher nicht auf Jesus berufen. Er hat dafür
gelebt, dass Schuld vergeben und Kreuze getragen
werden müssen. Ein rücksichtsloses Nachvorn-
sehen hieße, sich aus der Verantwortung wegzu-
schleichen, in die man hineingeboren wurde. Die
Ausflucht, es warteten neue Aufgaben, erinnert
dann an einen Häuslebauer, der, um schnell vor-
anzukommen, das Fundament weglässt.

Es geht nicht darum, wie wertvoll überkommene Werte sind, es geht darum, die Zukunft als Gottes Entgegenkommen zu verstehen. Vordergründig wirbt das Jesuswort für radikale Entscheidungen ohne Rücksicht auf die Menschen, die zu mir gehören. Dabei würde aber übersehen oder unterschlagen, dass man ein heiliges Leben auch aus durch und durch egoistischen Gründen anstreben kann. Deshalb ist es so wichtig, auf das Ziel zu achten: Gottes Entgegenkommen. Gerade weil man nicht halbherzig glauben kann, ist Religion immer in Gefahr, in Ideologie umzukippen. Davor schützt allein der unbeirrte Blick auf den Gott, dem Jesus sich anvertraute bis zum qualvollen Tod am Kreuz. Das Wichtigste, was wir für das Reich Gottes tun können, ist, zu vermeiden, dass unsere Art zu leben – einschließlich unserer Frömmigkeit – anderen die Sicht auf diesen entgegenkommenden Gott verstellt.

GEBET

Mach uns bereit, Gott, deinen Ruf zu hören. Und nimm uns die Wichtigkeiten aus der Hand, die wir meinen, mitbringen zu müssen. Amen.

LIED

Jesu, geh voran (EG 391)

22. Loslassen erleichtert

Wenn das Weizenkorn nicht in die Erde fällt und erstirbt, bleibt es allein; wenn es aber erstirbt, bringt es viel Frucht. Johannes 12,24

AUSLEGUNG

Das Bild vom Weizenkorn macht etwas anschaulich, was wir auch aus unseren Erfahrungen mit uns selbst kennen: Je nachdrücklicher wir das sichern wollen, was zu uns gehört, desto einsamer werden wir. Wenn wir dagegen uns selbst und das, was wir besitzen, anderen zur Verfügung stellen, wird unser Leben wie von selbst vielfältiger und lebendiger. Und warum tun wir's dann nicht?

Hier kommt das Wörtchen „erstirbt" ins Spiel: Man kann sich offenbar nicht für andere öffnen, ohne das Risiko einzugehen, dass dabei etwas verletzt wird oder zerbricht. Das beginnt schon bei dem Gefäß oder Werkzeug, das ich meinem Nachbarn leihe. Ich trete damit in eine Beziehung, öffne mein Leben für andere. Aber ich kann nicht ausschließen, dass auch etwas zu Bruch geht – und das kann andere Scherben nach sich ziehen. Also doch lieber für sich bleiben?

Menschen stehen vor dieser Frage, wenn es um die endgültige Bindung an einen Partner geht. Und noch einmal, wenn sie entscheiden müssen, ob und wann sie Kinder bekommen wollen. Jedes

Mal lockt das Versprechen, dass ihr Leben unendlich viel reicher wird durch diesen Schritt. Und gleichzeitig meldet sich die Angst, dass man dabei etwas aufs Spiel setzt, was man im gegenwärtigen Stadium genießt und sicher hat.

Jesus sagt: Lass dich auf dieses Wagnis ein! Die Sicherheit, die die Angst dir vorgaukelt, ist gelogen. Das Weizenkorn, das sich der Saat entzieht, bleibt nicht nur allein. Es stirbt auch früher oder später an seinem Alleinsein und verfault. Wenn es sich aber fallen lässt in die Erde, wird es in eine neue Pflanze verwandelt, die viel Frucht bringt. Dank der Treue Jesu, in der er dem Kreuz nicht ausgewichen ist, und dank des Geschenks der Auferweckung durch seinen Vater müssen wir sogar den Tod als äußerste Konsequenz unserer Öffnung für andere nicht mehr fürchten. Welche Sicherheit kann dagegen noch etwas ins Feld führen?

GEBET

Überwinde in uns die Angst, Gott, die im Hergeben nur die Minderung unseres Glücks sieht. Öffne uns für die Freude am Reichtum der Liebe. Amen.

LIED

Korn, das in die Erde (EG 98)

23. Auch was du nicht kannst, hilft

Der Menschensohn ist nicht gekommen, dass er sich dienen lasse, sondern dass er diene und gebe sein Leben zu einer Erlösung für viele. Matthäus 20,28

Auslegung

Sich bedienen lassen – leicht fällt mir das, wo sich die Frage gar nicht stellt, ob ich das auch allein könnte. Zum Beispiel, wenn mich der Ober im Restaurant nach meinen Wünschen fragt. Im Fachgeschäft sehe ich mich in der Regel schon lieber erst mal alleine um. Und ganz schwierig wird es bei Lebensfragen, etwa bei Schwierigkeiten im Umgang mit anderen Menschen. Viele, auch Christen, lehnen darum z.B. die Beichte als Hilfe bei Schuldgefühlen ab. Das sei etwas, womit jeder für sich allein fertig werden müsse, meinen sie.

In Jesus Christus ist das Angebot Gottes zu uns gekommen, uns zu bedienen. Tun wir uns mit diesem Angebot nur schwer, weil Gott sich nach überlieferter Anschauung nicht auf Dienst reimt, allenfalls so, dass wir Gott dienen? Oder schlägt hier eine Einstellung durch, die uns früher oder später trotzig aus dem Munde jedes Kleinkindes entgegen schallt: „Das kann ich alleine!"?

Nein, das können wir nicht alleine! Die Erlösung, die Jesus Christus uns von seinem Vater bringt, können wir uns nur schenken lassen. Nicht einmal unser Mittun ist dabei gefragt, auch nicht so, dass „wir seinen Dienst annehmen müssen". Es geschieht, weil Gott sich dafür entschieden hat. Er dient uns ja nicht, weil er zu mehr nicht in der Lage wäre, sondern weil er allein unser Wohl und unser Heil im Auge hat.

Was wir allerdings tun können und sollen, ist: uns über diesen Dienst Christi freuen; das wird uns verändern. Und wir sollen seinen Dienst zum Maßstab machen, wie wir mit anderen Menschen umgehen. Jede(r) von uns hat etwas, was ihn mit anderen in Beziehung setzt: eine Fähigkeit, einen Beruf oder etwas Nützliches. Sogar die eigene Bedürftigkeit oder Krankheit kann anderen „dienen", weil sie ihnen Gelegenheit zum Helfen gibt. Wichtig ist, dass wir nicht Etikettenschwindel betreiben und eigentlich herrschen wollen. Lösend, befreiend soll unser Dienst sein, wie der des Menschensohns.

GEBET

Lass mich nicht zu stolz sein, deinen Dienst anzunehmen, Gott. Und nicht zu eigensüchtig, anderen zu dienen. Amen.

LIED

So jemand spricht (EG 412)

24. Dem Glück überlegen

Der Menschensohn muss erhöht werden, damit alle,
die an ihn glauben, das ewige Leben haben.
Johannes 3,14b.15

AUSLEGUNG

Das ist auf den ersten Blick eine befremdliche Lo-
gik: Jesus wird erhöht am Kreuz; und das muss
sein, damit wir das ewige Leben empfangen. Der
erste Gedanke spielt an auf eine alttestamentli-
che Szene: Da richtet Mose ein Schlangensymbol
über dem Lager der Israeliten auf, und alle durch
Schlangenbiss Vergifteten, die ihren Blick zu diesem Abbild erheben, werden gerettet. Ein tiefsin-
niges Zeichen, hinter aller Magie: Die Gefahr,
die „unten" lauert, wird zur Hoffnung, wenn der
Blick nach „oben" geht. So versteht der Evangelist
Johannes das Kreuz: Es ist der tiefste Punkt des
Lebensweges Jesu, aber weil das Ziel des ewigen
Gottessohnes die Menschwerdung war, ist es in
Wahrheit der Gipfel seines Weges.

Die Gipfel, von denen wir träumen, müssen
alle dunklen Täler verleugnen: Krankheiten werden nicht zugegeben, Fehler vertuscht und Irr-
tümer bestritten oder auf andere abgewälzt. In
solchen Erhöhungen ist der Absturz schon einge-
baut. Christus stellt sich gerade denen im dunklen
Tal an die Seite und wird deshalb in der dunkels-
ten Schlucht erhöht, im schmach- und qualvollen

Tod am Kreuz. So wird uns, wenn wir zu diesem Kreuz aufblicken, die Tür zum ewigen Leben geöffnet.

Leben ist nun nicht einfach mehr gleichbedeutend mit Gesundheit und Glück. Und ist deshalb auch nicht zu Ende, wo diese aufhören. Wir können Stück für Stück die Angst vor dem Verlust des Glücks loslassen, wenn wir im Glauben wachsen, dass Gott auch in Schmerzen, Entbehrung und Einsamkeit ganz nahe bei uns ist.

Solcher Glaube ist das genaue Gegenteil von unserm Versuch, über das Leben zu verfügen. Der findet eben den Tod, den er vermeiden will. Der Glaube aber entfaltet Kräfte, die in allen wirken. „Ewiges Leben" im biblischen Sinne meint also nicht nur ein Leben nach dem Tod, sondern eins, das schon auf der Erde dem Tod überlegen ist; denn die Angst vor ihm – der wir wohl nie ganz entkommen werden – weiß nun, wo sie hin muss.

GEBET

Wir blicken lieber zu den Luftballons unserer Illusionen auf als zu deinem Kreuz, Herr. Lass uns erfahren, wie stark der Glaube ist, der sich von der Todesangst nicht mehr beeindrucken lässt. Amen.

LIED

Herr, stärke mich, dein Leiden zu bedenken
(EG 91)

25. Sättigen, nicht bevormunden

Er hat ein Gedächtnis gestiftet seiner Wunder,
der gnädige und barmherzige Herr. Psalm 111,4

AUSLEGUNG

Wunder sind zum Wundern da, nicht zum Erklären. So wie jede Erheiterung stirbt, wenn jemand
einen Witz zu erklären versucht. Am Gründon-
nerstag feiern wir den Geburtstag des Abendmahls. Wir freuen uns, dass in unserem Gottesdienst etwas lebendig ist, was ganz unmittelbar
auf die Erfahrungen zurückgeht, welche die Jünger mit Jesus gemacht haben.

Der Jubilar, den wir heute feiern, hat in seinem
langen Leben einiges mitgemacht. Immer wieder
wurde er zusammengedrückt und auseinanderge-
nommen, um die Freude, die man mit ihm erlebte, zu erklären und gegen Fehldeutungen abzusi-
chern. Zahllose Fetzen dieser Versuche tummeln
sich in unsern Köpfen und Herzen. Viele Christen
tun sich darum schwer mit dem Feiern des Abendmahls. Sie haben Angst; die einen davor, dass sie
ihren Verstand nicht ernst nehmen dürfen, und
die anderen, etwas falsch zu machen und damit
die Wirkung des Abendmahls zu gefährden.

Wir sollten deshalb zuerst hören: Es ist der
gnädige und barmherzige Herr, der dieses Gedächtnis seiner Wunder gestiftet hat. Das Zweite:
Die runden Tische, zu denen Jesus einlud, waren

nicht heilig, weil nur ausgesuchte Fromme kommen durften, sondern genau umgekehrt: weil die bei Gott willkommen waren, mit denen sich sonst keiner zeigen wollte. Und schließlich: Bei seinem letzten Mahl zum Passafest, unmittelbar vor seiner Kreuzigung, hat Jesus zwei Gesten gedeutet: das Brechen des Brotes auf seinen bevorstehenden Tod, und den am Tisch kreisenden Pokal auf den bevorstehenden Sieg in seiner Auferweckung. So wie ich das Brot zerbrechen muss, wenn jetzt alle davon essen wollen, höre ich ihn, so muss ich zerbrochen werden am Kreuz, um für alle da zu sein. Und so wie wir jetzt eins werden, indem ihr alle aus meinem Becher trinkt – Petrus und Judas eingeschlossen – , so wird der Sieg, den mir mein Vater zu Ostern schenken wird, euch allen gehören.

Wir haben viel Grund zum Wundern: über Gott, der es wagt, für uns so handgreiflich zu werden, und über uns, wie viele Konsequenzen da noch nicht gezogen sind.

Gebet

Gott, lass mich den Stuhl am Tisch deines Sohnes entdecken, der leer bleibt, wenn ich nicht komme. Und öffne mein Herz für die Freude, dass er da ist. Amen.

Lied

Er ist das Brot (EG 228)

26. Dem Elend ins Gesicht sehen

Also hat Gott die Welt geliebt, dass er seinen eingebo-renen Sohn gab, damit alle, die an ihn glauben, nicht verloren werden, sondern das ewige Leben haben.
Johannes 3,16

AUSLEGUNG

Für nicht wenige hat dieser Satz eine Melodie. Da klingt Heinrich Schütz an oder auch der Choral „Also liebt Gott die arge Welt" (EG 51). Wir sagen immer noch mit Luther „also", obwohl „so sehr" gemeint ist. Die Vokale a und o – also – malen das Staunen nach über dieses unbegreifliche Wunder.

Unsere Welt ist nicht zum Verlieben, meistens nicht. Und wer sie lieben will, muss ein sehr wei-tes Herz mitbringen. Eben dies entdeckt der Glau-be bei Gott – im Kreuz Jesu Christi. Genauer: Es wird ihm darin gezeigt.

Von alleine schauen wir nämlich nicht hin. Und wenn doch, dann mit Abscheu und Angst. „Ich kann das nicht mehr mit ansehen", sagen wir, und wenden uns erfreulicheren Dingen zu. Oder wir schaffen das ab, was uns da stört. In beiden Fällen wird das Elend in der Regel nicht behoben.

Liebe sieht erst einmal hin, sehr genau und ge-duldig. Und dann sucht sie gemeinsam mit dem Elenden nach Abhilfe. Nicht, weil Liebe schwächer ist, sie ist stärker. Sie hält das aus, an dem Elend mitzuleiden.

Wegschauen und abschaffen, beides sind Reaktionen der verweigerten Liebe. Unsere Liebe ist begrenzt, darum leitet uns die Angst, sie könnte uns ausgehen. Die Erfahrung von Brutalität scheint das immer wieder zu bestätigen.

Alle Versuche, das Kreuz Jesu zu verstehen und zu erklären – Sühne, Versöhnung, Opfer, Stellvertretung – haben teil an diesen Grenzen, können nie wirklich überzeugen. Wir brauchen sie, weil so wenigstens annäherungsweise verständlich wird, was mit Jesus geschah.

So begegnen wir am Karfreitag beidem: dem kaum erträglichen Bild von Gewalt und Elend und dem unbegreiflichen Wunder, dass Gott uns liebt und uns Leben schenkt, wirkliches Leben. Ein Gottesdienst an diesem Tag kann wohl nur das eine oder das andere erlebbar machen und sollte das dann entschlossen tun. Wer immer alles haben will, wird dem Kreuz nicht gerecht.

GEBET

Nein, Gott, begreifen kann ich das nicht. Nein, mein Glaube und meine Liebe, sie sind zu wenig. Aber du sagst Ja. Amen.

LIED

Du großer Schmerzensmann (EG 87)

27. Fragen an eine Antwort

Christus spricht: Ich war tot, und siehe, ich bin lebendig von Ewigkeit zu Ewigkeit und habe die Schlüssel des Todes und der Hölle. Offenbarung 1,18

AUSLEGUNG

Jesus war tot, am Kreuz gestorben. Nicht irgendwie scheintot. Auch nicht so, dass das Vorübergehen des Todseins schon einprogrammiert war. Ein Tod, der von vornherein ein Ende kennt, ist kein wirklicher Tod. Tod ist endgültig. Jesus war tot, mitsamt seinem Gottvertrauen.

Aber nun ist er lebendig. Gott hat ihn herausgeholt aus dem Tod. Auferweckt, können wir jetzt sagen, denn nun, von hier aus, ist der Tod nur ein Schlaf. Wir können das erst sagen, nachdem und soweit uns der Schrecken des Todes verlassen hat. Deshalb sind die Ostergeschichten der Bibel von Schrecken geprägt und nicht von großer Freude. Das macht diese Erinnerungen gerade glaubwürdig. Wenn wir dem Tod von vornherein seine Endgültigkeit nehmen, rauben wir der Auferstehungsbotschaft das Erschrecken und damit die Kraft, Freude zu gebären. Hoffnung auf Auferstehung wird dann zum Optimismus verkleinert und verfälscht, dass alles gut ausgehen wird. Wer nicht wirklich tot ist, kann nicht auferstehen.

Der Tod ist der Sünde Sold. Nur wo Tod wahr ist, wird auch Sünde wahr und ernst genommen. Allein der Auferstandene hat den Schlüssel zu Tod und Hölle. Nur wenn uns seine Lebendigkeit erfasst und ins Leben mitnimmt, können wir aufhören, uns vor der Hölle zu fürchten und uns gegenseitig zur Hölle zu schicken. Durch die Auferweckung Christi ist der Tod tödlich getroffen. Nicht nur der Tod am Ende unseres Lebens, sondern auch der, von dem wir „mitten im Leben umfangen sind". Jetzt steht uns ständig und überall die Tür offen, aus der Todesangst und aus den mancherlei Produktionsstätten von Todeswerkzeugen.

Was wir sehen, anfassen, erklären, gehört zur Wirklichkeit, aber es ist nicht die ganze Wirklichkeit. Gott ist Wirklichkeit, nicht ein Teil von ihr. Genau darum können wir ihn nicht sehen und erklären. In diese Wirklichkeit wurde Jesus auferweckt. Und er nimmt uns mit.

GEBET

Der Tod lähmt uns, Gott, sperrt uns aus dem Leben und dem Dienst am Leben aus. Schenke uns deine Auferweckung. Amen.

LIED

Der schöne Ostertag (EG 117)

28. Gestorbene und auferstandene Hoffnung

Gelobt sei Gott, der Vater unseres Herrn Jesus
Christus, der uns nach seiner großen Barmherzigkeit
wiedergeboren hat zu einer lebendigen Hoffnung
durch die Auferstehung Jesu Christi von den Toten.
1. Petrus 1,3

AUSLEGUNG

Noch mal ganz neu anfangen – bei einem Werk-
stück, einem schwierigen Brief, einer beruflichen
Aufgabe, einer Partnerschaft. Wir leben nicht mit
Bleistift und Radiergummi. Manchmal müssen
wir ein neues unbeschriebenes Blatt nehmen.
Gut, wenn einem die Möglichkeit dazu geboten
wird. „Wiedergeboren" heißt das in der überlieferten Glaubenssprache. Und das ist ein Angebot, das
uns seit der Taufe begleitet. Denn da wird jeder
Täufling durch das Wasser und den Heiligen Geist
hineingewickelt in den Tod und die Auferstehung
Jesu Christi. Seitdem dürfen wir uns jederzeit auf
die Gaben berufen, die er uns auf diesem Weg
erwirkt hat. Wir dürfen loslassen, im Wasser der
Taufe sterben lassen, was uns belastet, und dürfen
heraussteigen, schuldenfrei und wie neu geboren.

In Gottes Augen ist das jedenfalls so. Lassen wir
es aber auch zu? An uns selbst? Und bei den Menschen neben uns? Ein wenig am Misslungenen he-
rumzuradieren, scheint uns manchmal bequemer,
als ganz neu anzufangen. Und anderen trauen wir

eine solche Wende oft noch weniger zu. Das hängt mit unseren Hoffnungen zusammen. Die setzen auf die Wahrscheinlichkeit, dass im zweiten Anlauf gelingt, was im ersten missglückte. Aber jeder weiß, diese Erfahrung ist trügerisch und die Enttäuschung dann umso größer. Die „lebendige Hoffnung", zu der uns unsere Taufe einlädt, ist eine auferstandene Hoffnung. Sie hat ihr Sterben hinter sich wie Jesus Christus. Deshalb brauchen wir uns um ihre Verlässlichkeit keine Sorgen zu machen. Sie wird uns durchtragen durch Zweifel und Versagen.

Wenn wir Gott loben, gemeinsam im Gottesdienst oder für uns allein, weil wir dem Aufatmen mehr Wahrheit zutrauen als dem ängstlichen die Luft-Anhalten – im Lob Gottes schauen wir hinter die tristen Vorhänge unserer gestorbenen Hoffnungen. Und entdecken, dass wir nicht von unseren Erfolgen leben, sondern von Gottes Erbarmen. Die Taufe eines kleinen Kindes macht es allen Beteiligten erlebbar.

GEBET

Dich will ich loben, Gott, nicht nur auf mich stolz sein. Dann wird meine Hoffnung unsterblich. Amen.

LIED

Frühmorgens, da die Sonn aufgeht (EG 111)

29. Aus erster Hand hören

Christus spricht: Ich bin der gute Hirte. Meine Schafe hören meine Stimme, und ich kenne sie, und sie folgen mir; und ich gebe ihnen das ewige Leben.
Johannes 10,11.27.28

Auslegung

„Der Herr ist mein Hirte, mir wird nichts mangeln" – die meisten von uns kennen den Psalm 23 zumindest vom Hörensagen. Im Johannes-Evangelium hat dieser Hirte einen Namen: Jesus. Er ist der gute Hirte. Er ist nicht nur seiner Herde bekannt wie ein Kompaniechef seinen Soldaten. Er kennt jede und jeden Einzelnen ganz persönlich und weiß, was sie können und was sie brauchen.

Das alte Gleichnis vom Hirten ist für uns überlagert von romantischen, oft genug kitschigen Bildern. Wer heute die Gelegenheit hat, einen Hirten kennenzulernen, wird überrascht sein: Diese Menschen leben nicht nur abseits der großen Straßen und Industriegebiete und haben in dieser Ruhe viel Zeit zum Nachdenken; sie brauchen für ihren Beruf auch umfassende Kenntnisse, von der Tiermedizin übers Wetter bis zu Rechtsfragen. In einer Zeit, in der Hilfsbedürftige von einem Spezialisten zum anderen geschickt werden, ist der Hirte – oder die Hirtin – durchaus wieder eine Person, bei der man sich in vielen Dingen des Alltags guten Rat erhoffen darf.

Johannes nutzt diese Erfahrung, um uns im Glauben zu stärken. Beim Hirten Jesus Christus dürfen wir erwarten, dass er weiß, wie es um uns steht. Auch wie es „da drin aussieht", wo sonst niemand hinschauen kann und wir uns sogar oft selbst irren. „Meine Schafe hören meine Stimme". Glaub's mir! Was für eine Zusage!

Er lässt sein Leben für die Schafe. Er stellt seine Interessen hintan und kümmert sich um uns. Er treibt seine Herde auch nicht vor sich her, sondern geht voran und ruft in seine „Nachfolge". Wir können uns darauf verlassen, dass der Weg ins Ziel führt. Was wir unterwegs an Schutz und Nahrung brauchen, er wird dafür sorgen, auch wenn es aus unserer Sicht gar nicht danach aussieht. Er geht jedem Besserwisser nach, der sich vielleicht in seinem Übermut verirrt. Und das Leben, das er gibt, wird kraft seiner Auferstehung nicht mehr durch den Tod in Frage gestellt. Gott hört nicht auf, mit uns zu reden, auch wenn wir schweigen (müssen).

GEBET

Ich möchte vertrauen dürfen – und können, Gott. Gib mir die Gewissheit, dass ich deine Stimme höre. Amen.

LIED

Der Herr ist mein getreuer Hirt (EG 274) *oder* Der Herr, mein Hirt (EG R 613)

71

30. Wind der Veränderung

Ist jemand in Christus, so ist er eine neue Kreatur;
das Alte ist vergangen, siehe, Neues ist geworden.
2. Korinther 5,17

Auslegung

Je älter man wird, sagt die Erfahrung, desto stärker treten Erbanlagen wieder an die Oberfläche, die früher von Einflüssen durch Erziehung und Umwelt überlagert waren. Wir bleiben nicht nur, die wir sind, wir werden es offenbar zunehmend wieder. Können wir vor diesem Hintergrund die Begeisterung der jungen Christen nachvollziehen, dass in ihrem Leben durch die Begegnung mit Jesus Christus „alles anders, neu" geworden ist?

Es geht nicht um Gefühltes oder am Verhalten objektiv Ablesbares. Paulus selbst scheint das drohende Missverständnis zu spüren, wenn er unserem Wochenspruch sofort ein „Aber" folgen lässt: „Aber das alles von Gott, der uns mit sich selber versöhnt hat" (V. 18). Wir lösen Christus aus dem Bekenntnis zum dreieinigen Gott heraus, wenn wir nicht mehr ernst nehmen, was Gott, der Schöpfer, in uns an Gaben angelegt und uns an Mängeln zugemutet hat. Auch unsere Vernunft gehört dazu, mit der wir lernen und prüfen, was menschliche Wissenschaft herausfindet.

Das Neue, das Christus gebracht hat, ist die Versöhnung. Wer die als einen Lebensraum begreift und auslotet, der gewinnt Anteil an einer völlig neuen Sicht. So wie zwei Streitende im Verlauf ihrer Auseinandersetzung alles zur Waffe gegen den anderen machen und einsetzen können, selbst Gutes und Schönes – zankende Ehepartner sogar ihre Kinder! –, so können Versöhnte Worte, Gesten, ja alltägliche Gegenstände buchstäblich mit anderen Augen sehen. Als Versöhnte können wir nicht mehr nur an uns selbst denken, wir werden immer den anderen einbeziehen, seine Erfahrungen, seine Bedürfnisse, seine Fähigkeiten und Ängste. Und Gott, mit dem wir vor allen anderen versöhnt sind durch Christus.

Deshalb können wir nicht aufhören, an uns selbst und an unserer Welt zu arbeiten, damit mehr davon sichtbar wird, was er will und verheißen hat.

Die Natur lässt uns in unsern Breiten jetzt etwas von neuer Kreatur, von neuer Schöpfung spüren und genießen. Nehmen wir es als Ermunterung, mehr Versöhnung zu wagen.

GEBET

Guter Gott, so viel Hass und Gleichgültigkeit lähmen uns und verhindern, dass Neues wachsen kann. Schenke uns Anteil an deiner Versöhnung. Amen.

LIED

Liebe, die du mich zum Bilde (EG 401)

31. Den Rücken frei halten

*Singet dem Herrn ein neues Lied,
denn er tut Wunder.* Psalm 98,1

AUSLEGUNG

Wer gerne singt, vielleicht in einem Chor, der weiß: Singen hat viel mit dem Glauben gemeinsam. Das bewusste Ein- und Ausatmen, die Atemstütze mit dem Zwerchfell, um einem Melodiebogen Klang und Farbe zu geben, der Wechsel von harmonischen Akkorden und Dissonanzen beim mehrstimmigen Singen, das alles spiegelt Erfahrungen, die auch zum Glauben gehören. Das tägliche Leben begreifen als Empfangen und Zurückgeben, zu seinem Bekenntnis stehen auch da, wo es Kraft kostet, Spannungen und Bereicherung in der Gemeinschaft erleben – wer kennt das nicht, wenn er oder sie den Glauben bewusst lebt.

Trotzdem wollen viele nicht mitsingen. Sie halten sich für unmusikalisch. Andere kritisieren, dass sie gerade in der Kirche immer auf das „alte Lied" träfen. Und die Dritten stoßen sich an der Verbindung zum Wunder, weil es das doch gar nicht gäbe.

Ist der Glaube, wie das Singen, tatsächlich nur etwas für die, die dafür begabt sind, „eine Antenne" haben? Bei allen Gaben, über die wir verfügen, kommt es darauf an, dass wir sie zum Wohl anderer einsetzen. Geld und Gottvertrauen,

Macht und Musikalität – immer fragt sich: Feiern wir damit nur uns selbst?

Von Paulus und Silas wird einmal erzählt, dass sie, nach harter Folter gefesselt in einem dunklen Verlies, Gott nachts ein Loblied sangen. „Und die Gefangenen hörten sie" (Apg 16,25). Die Mitgefangenen haben offenbar nicht „Ruhe" gebrüllt oder die Sänger verspottet. Sie haben sie gehört. Das ist für mich das eigentliche Wunder, aus dem sich das andere, dass die Gefangenen später wieder freikommen, wie von selbst ergibt.

Alles Singen und Musizieren in der Kirche sollte an diesem Gefängnislied Maß nehmen. Wir rufen nach Gott, weil er der tiefste Grund unserer Hoffnung ist. Und die Töne, die unsere Sehnsucht über unser Elend hinaustragen, fügen sich in den Ohren derer, die sich von uns ermutigt fühlen, zu einem neuen Lied; denn er tut Wunder.

GEBET

Hilf mir singen, Gott, als wäre ich schon frei – für die Liebe, für die Geduld mit dem Leidenden, für dein Lob. Amen.

LIED

Ein Lied hat die Freude sich ausgedacht (EG NB 580) *oder* Singet dem Herrn ein neues Lied (EG 287)

32. Befreiung aus der Geiselhaft

Gelobt sei Gott, der mein Gebet nicht verwirft
noch seine Güte von mir wendet. Psalm 66,20

AUSLEGUNG

Man kann einen Menschen zu einem fälligen
Arzttermin ermutigen, bis dahin, dass man ihn
vielleicht in die Praxis begleitet und mit dem
Doktor bekannt macht. Aber das therapeutische
Gespräch selbst muss er allein führen. Was zwei
Menschen sich im Augenblick der liebenden Um-
armung gegenseitig zuflüstern, hilft bekanntlich
zwei anderen, die mit einer Störung ihrer Beziehung kämpfen, nicht weiter. Die Worte, die da
gefunden werden müssen, sind ganz andere. Für
unser Beten gilt Vergleichbares. Von anderen for-
mulierte Gebete können eine Hilfe sein. Es gibt
wunderbare Beispiele, angefangen beim Vater-
unser bis in unsere Gegenwart. Ihnen allen sind
folgende Kennzeichen eigen: Sie sind ganz auf
den konzentriert, zu dem sie sprechen, auf Gott.
Ihnen fehlt auch der leiseste Anflug eines Seiten-
blicks wie „siehst du, so musst du beten". Sie sprechen erkennbar aus der Situation, in der sich der
Beter befindet. Sie haben alltägliche Bodenhaf-
tung und fliegen dem Himmel nicht auf halbem
Weg entgegen.

Sie verzichten auf alle schmeichelnde Redse-
ligkeit. Gebete, vor allem öffentliche, sollten kurz

sein, dafür aber langsam und eindringlich gesprochen werden. Sie müssen weder sich selbst noch anderen, schon gar nicht Gott, irgendetwas beweisen. Gebete, die mir und anderen helfen, ähneln mehr einem SOS-Ruf als einem Antrag mit zahllosen Anlagen.

Die Überwindung des Zweifels, ob beten etwas „hilft", gehört zu den Anliegen unseres Betens. „Nicht mein, sondern dein Wille geschehe." Im Beten üben wir uns, unsere Ängste zu benennen und unser Glück nicht für selbstverständlich zu halten. Wir reden uns etwas von der Seele, das heißt, wir verhindern, dass wir Geiseln unserer Wünsche oder unseres Verschweigens werden. Darum müssen wir lernen, eigene Worte für unser Beten zu finden. Der Sonntag, der sich dem Beten der Christen widmet, liegt nicht zufällig zwischen Ostern und Pfingsten. Hinter ihm liegt das Erleben der Passion und das unbeschreibliche Wunder von Ostern, vor ihm das Warten auf Pfingsten, auf den Heiligen Geist. Der „vertritt uns mit unaussprechlichem Seufzen" (Röm 8,26).

GEBET

Ich möchte dir sagen, was mich jetzt bewegt, Gott. Hilf mir, von dir zu lernen, was mir wirklich fehlt. Amen.

LIED

Zieh ein zu deinen Toren (EG 133)

33. Nicht abgehoben: Gut aufgehoben

Christus spricht: Wenn ich erhöht werde von der Erde, so will ich alle zu mir ziehen. Johannes 12,32

AUSLEGUNG

„Dir steht doch die ganze Welt offen" – mit so einem Satz wird in der Regel beschworen oder betrogen. Da soll einer etwas fallen lassen, was ihm wichtig ist, weil andere – Eltern, Freunde, Kollegen – seine Entscheidung nicht akzeptieren. Oder man macht dir ein X für ein U vor, um dich hinters Licht zu führen. Die Welt steht nicht offen, sie hat immer Türen, leichtgängige und völlig eingerostete. Gut, wenn du die vielerlei Mechanismen lernst, sie zu öffnen. Zielstrebigkeit gehört dazu, Fingerspitzengefühl, aber auch ein offenes Herz und viel Vertrauen.

Jesus hat seinen Jüngerinnen und Jüngern nie weisgemacht, ihnen stünde die Welt offen. Er hat sie auf einen Dienst vorbereitet, der Türen öffnet: für das Evangelium und für die, denen es zu allererst gilt: den Armen, den Weinenden, den Verfolgten. Er hat sie wissen lassen, dass sie dabei mit Widerständen rechnen müssen. Und am Karfreitag haben sie erlebt, wie weit das gehen kann.

Aber im Zusammenhang mit der Ostererfahrung dürfen sie auch lernen: Durch diese Auferweckung steht ihnen der Himmel offen, der die ganze Welt mit all ihren Türen überspannt. Türen, die man öffnen kann und solche, die immer noch wie vernagelt sind. Sie alle stehen jetzt unter dem einen, durch Christus offenen Himmel. Wie in einer Puppenstube: Von oben kann man hineinblicken, auch hinter die verschlossenen Türen.

Himmelfahrt redet bildlich von oben und unten. Der offene Himmel befähigt uns schon heute, im Glauben über den Dingen zu stehen. Da erscheint alles Große niedlich oder lächerlich klein, je nachdem, wie man es „unten" beurteilt. Was obenauf ist und was unten durch, das unterliegt nun neuen Maßstäben. Auch unsere Ohnmachtserfahrungen und unsere eitlen Selbstüberschätzungen verlieren ihre Macht.

Wir dürfen allerdings die Perspektiven nicht verwechseln: Der Auftrag, die Türen in der Welt zu öffnen, ergeht durch Gottes Wort, durch Jesu Ruf, ihm nachzufolgen. Und das ist und bleibt ein Weg, an dessen Ende das Kreuz steht. In den seit Ostern offenen Himmel ruft uns Christus nicht, da muss er uns „ziehen", und zwar „alle".

GEBET

Lass mich hören, wenn du rufst, Gott. Und lass mich mit den anderen so umgehen, wie es deiner Zusage entspricht: Ich will sie alle zu mir ziehen. Amen.

LIED

Jesus Christus herrscht als König (EG 123)

34. Gott atmet auf

Es soll nicht durch Heer oder Kraft, sondern durch meinen Geist geschehen, spricht der Herr Zebaoth.
Sacharja 4,6

AUSLEGUNG

Dieses Prophetenwort rückt unsere Erwartungen an Pfingsten und den Heiligen Geist zurecht. Wir neigen dazu, uns Gottes Geist als eine himmlische Form von „Heer oder Kraft" auszumalen. In einer alt gewordenen Kirche träumt man gern von Begeisterung, vielleicht sogar Ekstase. Und wer müde geworden ist in seinen Hoffnungen und Zielvorgaben, wäre gerne mitgerissen von einer Energie, die er in sich nicht mehr findet. Es ist deshalb nötig zu hören: nicht durch Heer oder Kraft, sondern durch meinen Geist.

Das ist auch ganz wörtlich gemeint. Viele Menschen setzen bis heute auf Militär und Profitsteigerung, wenn Problemlösungen in der Welt gesucht werden. Wir tun uns immer noch schwer, es im Geist Jesu zu versuchen: durch Gespräche, durch fantasievolle Hilfe für Notleidende, durch mutiges Zwischen-die-Fronten-treten, wo Streit ist. Das kann man in den meisten Fällen nicht mit leeren Händen tun. Aber wie schnell und dauerhaft Frieden erreicht wird, das hängt nicht von der Größe der Keule oder des Schecks ab, die wir mitbringen.

In der Kirche und in unsern Gottesdiensten ist das nicht grundsätzlich anders. Auch hier lehrt und ermutigt uns der Heilige Geist, das Richtige in die Hand zu nehmen, wenn er geschieht. Das tatenlose Rufen nach Begeisterung bringt uns so wenig weiter wie das Beschwören „charismatischer" Techniken. Der Heilige Geist ist kein anderer als der Geist, mit dem Jesus zwischen Folter und Hinrichtung Pilatus klar zu machen sucht, was Reich Gottes meint. Und er ist der Geist des Gottes, der Adam und Eva zu seinem Bild geschaffen hat, sodass sie unterscheiden können (und müssen!), was gut und böse ist, nachdem sie den geschützten Kindergarten (Paradies) verlassen haben.

Zu Pfingsten lernen die Jüngerinnen und Jünger, etwas in die Hand zu nehmen: vor allem ihr Herz und ihren Verstand, sodass sie es wagen, von Jesus Christus öffentlich zu reden. Am richtigen Ort, zur rechten Zeit, mit verständlichen Worten – da gibt es bis heute viel zu entdecken.

GEBET

Komm, Heiliger Geist, bewege mich aus meinen Schablonen von Gott und der Welt heraus. Hilf mir zu entdecken, was dein Reich unter uns voran bringt. Amen.

LIED
Ihr werdet die Kraft (EG 132)

81

35. Bis über beide Ohren verliebt

Heilig, heilig, heilig ist der Herr Zebaoth,
alle Lande sind seiner Ehre voll. Jesaja 6,3

AUSLEGUNG

Glauben will erlebbar sein. Und Glauben will unser Denken verändern. Beides geht nicht ohne Weiteres zusammen, auch wenn es beide Mal um den christlichen Glauben geht. Das liegt natürlich nicht an Gott, sondern an uns. Wir können Dinge erleben, die sich unserem Verstand verschließen. Und umgekehrt: Wir können Wirklichkeit denken und berechnen, die wir uns nicht mehr vorstellen können.

Der Wochenspruch stammt aus der Berufungsvision des Jesaja, also aus einem Erlebnis. Der Prophet „sieht" und „hört", wie die Engel Gott im Himmel loben. Die dreifache Wiederholung des „heilig" ist Ausdruck der Vollkommenheit dieses Lobgesangs. Dass die ganze Erde voll ist von Gottes Schöpfermacht, gehört auch für viele von uns zu den Erlebnissen, an die wir uns gern erinnern. Manchmal sind sie überlagert von anderem. Doch manchmal tragen sie auch zu einem nicht unerheblichen Teil unseren Glauben mit.

Das Trinitatisfest wendet sich aber auch an unser Denken: Es nennt Gott dreieinig oder dreifaltig und will damit etwas vom Wesen Gottes umschreiben. Wer sachgerecht von Gott redet, kann an der Wirklichkeit der Welt nicht vorbeisehen, höre ich daraus, denn sie ist Gottes Schöpfung. Er kann aber auch nicht unberücksichtigt lassen, was die Bibel von Jesus erzählt, von seiner Geburt als Judenkind bis zu seiner Auferstehung als Gottes Sieg über Sünde und Tod. Und er darf auch nicht außer Acht lassen, dass Jesus seine Jüngerinnen und Jünger gelehrt hat: Die Zeit nach mir ist nicht einfach wie die Zeit vor mir. Ihr werdet erfahren, dass mein Wort lebt. Wer mag, kann das in dem schlichten Bild zusammenfassen: Gott ist die Sonne, mit ihren Strahlen erreicht sie uns auf der Erde, und dort, wo diese Strahlen ankommen, entstehen Licht und Wärme.

Wichtig ist: Glaubenserlebnisse müssen bearbeitet werden wie Urlaubsfotos, damit wir etwas damit machen können. Glauben erleben und Glauben durchdenken, das ist wie zwei Menschen, die sich aufmachen, ihr Glück zu suchen. Im Idealfall begegnen sie sich und verlieben sich ineinander.

GEBET

Brich in mein Leben ein, Gott, wenn ich mich nur auf mein Denken verlasse. Aber erhalte mir auch in allem, was ich erlebe, meine Leidenschaft, dich verstehen zu wollen. Amen.

LIED

O Heiliger Geist, o heiliger Gott (EG 131)

36. Wort-Container

Christus spricht: Wer euch hört, der hört mich; und wer euch verachtet, der verachtet mich. Lukas 10,16

AUSLEGUNG

Bei Jesus ist das alltäglich Praktische immer zugleich das Grundsätzliche, Lebenswichtige – faszinierend. Deshalb traut er unsern Worten auch zu, sein Wort zu transportieren. Gott ist ja sein Vater, er braucht ihn nicht erst von weit her auf die Erde zu zerren. Und wir müssen uns weder verkleiden noch irgendeine besondere Sprache lernen, um sein Wort weiterzugeben.

Ich sehe die Spielzeugeisenbahn meiner Kindheit vor mir und wie ich in die offenen Waggons verschiedene Gegenstände packte, eine Walnuss, eine Streichholzschachtel oder einen Kerzenstummel, den ich manchmal sogar anzündete. Wahrscheinlich stehen solche halb verschütteten Bilder hinter der Frage: Woran erkennt man denn, dass wir das Wort Christi transportieren?

Eine oft gehörte Antwort lautet: daran, dass unser Wort möglichst genau mit dem Wortlaut der Bibel übereinstimmt. Aber wer nur ein wenig Erfahrung mit aus dem Zusammenhang gerissenen Zitaten hat, weiß: Das kann nicht wahr sein. Auch ein kirchliches Amt kann so etwas nicht garantieren, manche hätten das wohl gern. Nicht die

Kirche herrscht über Gottes Wort, er ist ihr Herr.
Auch die Forderung, wir sollten im Glauben nur
über Dinge reden, über die sonst niemand spricht,
löst das Problem nicht. Jesus hat sich gerade darin von den Pharisäern unterschieden, dass er sich
nicht auf heilige Themen eingrenzen ließ.

Es bleibt nur eins: Wir müssen es versuchen
und dabei immer wieder neu die Bibel befragen.
Sie ist ja nicht einfach nur Gottes Wort – wie eine
alte Steinplatte, sondern sie transportiert das Wort
Christi. Und das mit erstaunlicher Kraft, bis in
unsere Gegenwart. Sogar Widersprüche zwischen
einzelnen Sätzen, z.B. über die Rolle der Frau, be-
legen diese Leben stiftende Energie. Langweilig ist
die Bibel eigentlich nur in der Hand von Leuten,
die sie nicht ernst nehmen, indem sie schon vor
dem Lesen zu wissen meinen, was drin steht. Da
sitzen manchmal sehr fromme und sehr gottlose
Menschen einträchtig auf einer Bank.

GEBET

Gib mir offene Augen und Ohren, Gott, damit
meine Seele nicht müde wird, nach deinem Wort
zu suchen. Hilf mir, den Menschen aufs Maul zu
schauen, aber nicht nach dem Mund zu reden.
Amen.

LIED

Herr, für dein Wort sei hoch gepreist (EG 196)

37. Knüppel, die tragen helfen

Christus spricht: Kommt her zu mir, alle, die ihr mühselig und beladen seid; ich will euch erquicken.
Matthäus 11,28

AUSLEGUNG

Die Spannung ist offensichtlich: Wir möchten, dass unsere Gemeinden anziehend und unsere Gottesdienste einladend und mitreißend sind. Aber wenn die kommen, die Jesus ruft, die Mühseligen und Beladenen, dann wird das unsere Zusammenkünfte unweigerlich prägen. Für La-Ola-Wellen sind das kaum die Richtigen.

Wir müssen lernen, genau hinzuschauen. Wollen wir uns nur mit attraktiven Mitmenschen umgeben, damit uns das Evangelium flott und aufregend erscheint? Beschädigtes Leben macht uns ja eher Angst. Oder bemühen wir uns mit Dietrich Bonhoeffer darum, dass Gott nicht nur an die Ränder dieser Welt verbannt wird, wo er keinen stört, sondern mitten im Leben erkennbar wird? Anders ausgedrückt: Wollen wir uns die Muhe sparen, das Wertesystem unseres Zusammenlebens aufzubrechen, das auf Wettbewerb setzt und so tut, als seien die Chancen gleich verteilt? Und der Glaube darf dann in einem Herrgottswinkel ungestört von zweifelnden Fragen sein Leben fristen? Oder reihen wir uns selbst in die Schar der Mühseligen und Beladenen ein, weil wir uns weigern, uns mit wohlfeilen Pralinen wie Freiheit oder Verdienst abspeisen zu lassen? Und setzen uns für Schulen und Arbeitsplätze ein, in denen jede nach ihren und jeder nach seinen Möglichkeiten gefördert und gefordert werden.

„Nehmt auf euch mein Joch und lernt von mir", heißt es bei Matthäus 11 weiter. Ein Joch ist ein passgerecht zugeschnittenes Stück Holz, das den Menschen früher half, Lasten zu transportieren. Lasten, die eigentlich für den Einzelnen zu schwer waren. Mit Hilfe eines solchen Jochs konnte der Benutzer auch sehr schnell unterscheiden, welche Last ihm zumutbar war und welche nicht. Jesu Joch ist „sanft", weil es in Größe, Form und Schulterbreite seinem Träger genau entspricht. Er selbst wie seine Vorgesetzten erhalten dadurch ein verlässliches Maß für das, was er leisten kann. Und nach getaner Arbeit wirft er sein Joch nicht einfach beiseite, sondern spürt mit den Fingerspitzen der Entlastung nach, die ihm damit gewährt ist. Erholsame Freizeit bedeutet schließlich nicht Nichtstun, sondern auf neue Gedanken zu kommen.

GEBET

Mach mich frei von der Angst, der Not ins Auge zu sehen, Gott. Aber lass mich da auch entdecken, was ich ändern kann. Amen.

LIED

Kommt her zu mir (EG 363)

38. Wo bist du?

Der Menschensohn ist gekommen, zu suchen und selig zu machen, was verloren ist. Lukas 19,10

AUSLEGUNG

Nicht alles, was ich verloren habe, vermisse und suche ich. Manchmal ist mir etwas die Nachforschung einfach nicht wert. Und noch öfter habe ich gar nichts gemerkt und vermisse nichts.
Gibt es auch das Umgekehrte, dass ein Verlorener gar nicht unter seinem Zustand leidet? Ab wann ist z.B. der jüngere der beiden Brüder in Jesu Gleichnis (Luk 15) „verloren"? Und der ältere?

Bei Kindern gibt es gemeinhin einen deutlichen Entwicklungssprung. Kleinkinder halten es kaum zehn Sekunden in ihrem Versteck aus, dann stürzen sie der suchenden Mutter mit begeistertem Geschrei in die Arme. Aber nur wenig später fangen sie auf einmal an, die Macht des Verstecktseins zu genießen.

Suchen und verloren sein – das bedingt sich offenbar. Wer nicht mehr g(b)esucht wird, fühlt sich verloren, egal ob mit oder ohne festen Wohnsitz. Und wer in eine Endlos-Schleife des Suchens gerät und irgendwann nicht mehr weiß, was sein Ziel ist, verliert sich selbst – Suchen und Sucht, da besteht ein Zusammenhang. Nur ein anderer kann ihn da mit viel Geduld herausholen.

Die Evangelien sind voll von Geschichten, in denen Jesus jemanden findet. Er hat einfach ein Auge dafür, der – oder die – braucht mich. Er ist gekommen, um zu suchen. Das ist seine Mission.

Das lag wohl daran, denke ich, dass er kein Soll zu erfüllen hatte. Das Reich Gottes kommt, und wie lange ihm Zeit bleibt zu wirken, kann er seinem Vater überlassen. Vor allem aber: Er muss sich hier kein Denkmal setzen. Gott selbst bestimmt seinen Platz in der Geschichte. So hat er alle Zeit für andere.

Aber als hätte Jesus geahnt, wir möchten ihm da nicht so ohne Weiteres folgen, erzählt er noch ein anderes Gleichnis vom Suchen. Ein Hirte vermisst am Abend draußen in der weiten Steppe eins seiner 100 Tiere. Da lässt er die 99 allein zurück und sucht das eine. Gegen alles Renditedenken. Und – übertragen – gegen alle Moral! So schnell gibt er auch uns nicht verloren mit unsern klugen Argumenten.

GEBET

Wie nötig die Sendung deines Menschensohns bis heute ist, Gott! Hilf uns, weniger an unsere kirchlichen Strukturen zu denken! Amen.

LIED

Sieh nicht an, was du selber bist (EG W 539) *oder* Jesus nimmt die Sünder an (EG 353)

39. Einen Mond lang in seinen Mokassins

*Einer trage des anderen Last, so werdet ihr
das Gesetz Christi erfüllen.* Galater 6,2

AUSLEGUNG

Jemand hat einen Fehler gemacht. Wie soll die
Umgebung reagieren? Man fragt: Wie schwerwiegend ist das Fehlverhalten? Was haben andere dadurch erlitten? In unserem Rechtswesen füllen die
Diskussionen darüber ganze Bibliotheken. Wir
sollten als Christen nicht so tun, als hätten wir im
Umgang mit Schuld eine Patentlösung. Spätestens
wenn wir selbst betroffen sind, finden auch wir
es richtig, dass die Last beim Verursacher liegen
muss und nicht beim Opfer. Aber ist das immer so
klar auszumachen, wer was ist oder war?

Die Christen, denen Paulus schreibt, möchten
tun, was Jesus täte in ihrer Lage. Da formuliert er
kurz und knapp: „Einer trage des andern Last".
Wie soll das gehen? Hat nicht jede ihr – größeres
oder kleineres – Päckchen zu tragen?

Ja, so lange jede nur das Gewicht ihrer eigenen
Last kennt, fühlen sich alle ausgelastet. Aber wer
spürt, wie schwerwiegend das Leben des anderen
ist, sieht ihn mit anderen Augen. Da ist dann kein
Atem für den Ruf nach Vergeltung.

Ob das in der Praxis funktioniert hat? Nun, die
Gruppe der Beteiligten war in Galatien bestimmt

übersichtlich. Und alle waren dem Maßstab „Gesetz Christi" zugänglich. Trotzdem, ich meine, wir Heutigen haben diese Methode, Schuld durch Lastenverteilung erträglich zu machen, noch längst nicht ausgereizt. Was ich über Konfliktbewältigung in Schulen lese und über Mediation in Betrieben und Nachbarschaften, das scheinen mir Wege in die richtige Richtung zu sein.

Gerechte Urteile scheinen heute in einer immer kleiner werdenden Welt vielen kaum noch möglich. Da wird es wichtig, in die Gesichter der Einzelnen zu schauen und vor Ort ein besseres Zusammenleben anzustreben. Die Last, die mein Freund trägt, meine Nachbarin oder auch der Autofahrer, der mich bei einem Unfall verletzt hat – kann ich mit etwas Mut und Fantasie vorübergehend in die Hand nehmen. Warum sollte ihn das nicht neugierig machen, es auch zu versuchen?

GEBET

Wehre meiner Neigung, Gott, alles hochzurechnen und so scheinbar immer gleich beim Limit zu sein. Wie viel macht mir die Arme schwer, das ich längst beiseite legen sollte! Amen.

LIED

Einer trage des andern Last (Kanon von Rolf Schweizer) *oder* Wir wolln uns gerne wagen
(EG 254)

40. Ohne Mehrwertsteuer

Aus Gnade seid ihr selig geworden durch Glauben, und das nicht aus euch: Gottes Gabe ist es. Epheser 2,8

AUSLEGUNG

Woher kommt die Neigung bei uns, dieser klaren und unzweideutigen Wahrheit unseres Glaubens auszuweichen? Gleich zwei Mal wird es in diesem Satz unterstrichen: Unsere Seligkeit, unsere Errettung aus Sünde, Tod und Angst ist allein Gottes Tat. Wir haben dazu nichts beigetragen.

Aber genau das ist wohl die Stelle, wo der Widerstand aufkeimt. Unsere Erfahrung lehrt uns: Das Glück kommt selten ganz von allein. Meistens müssen wir ein bisschen nachhelfen. Außerdem: Es ist angenehm, auf etwas stolz sein zu können. Das setzt aber voraus, dass ich auch etwas geleistet habe. Vielen Mitchristen fällt darum auf die Frage, was einen Menschen zum Christen mache, als Erstes ein, dass er tut, was andere nicht tun: seinem Partner treu zu sein, keine krummen Geschäfte zu machen, nicht an Gott zu zweifeln.

Eigentlich verständlich, denn wer den Glauben ernst nehmen möchte, merkt: Da sind immer wieder Entscheidungen nötig. Und die kosten Kraft. Und wer sich noch an die Zeit erinnern kann, als Gott und Kirche in seinem Leben keine Rolle spielten, ist offenbar doppelt versucht, das Vorher-Nachher in grellen Farben auszumalen. Was Wunder, wenn er beim Erzählen von seiner Bekehrung auf ein bisschen eigene Leistung nicht verzichten möchte.

Wie merkwürdig: In vielen Gesprächen unter Christen geht es um die Gefahr des Atheismus oder zumindest der Nachlässigkeit gegenüber Glaubensdingen. Dabei erwächst die eigentliche Gefahr immer noch, wie zu Jesu Zeiten, aus unserer Neigung, uns Gott als Mitarbeiter bei unserer Annahme als sein Kind anzudienen.

Wenn wir aber Luthers „allein durch die Gnade" wirklich ohne jede Einschränkung stehen lassen, was wird dann aus den Schwierigkeiten, die uns der Glaube macht? Ist denn der, dem nichts heilig ist, vor Gott wirklich genauso dran wie ich? Ja, das ist er. Gottes Gnade ist für alle Menschen dieselbe. Aber wenn du dich von ihm dahin rufen lässt, wo er durch seine Liebe selbst klein und hilfsbedürftig ist wie im Kind in der Krippe, dann erlebst du: Er braucht deine Mitarbeit. Dann ist es nicht egal, was du tust.

GEBET

Gott, du hast deinen Sohn auf die Erde gesandt, damit wir nicht ständig nach oben gucken in unserem Christsein. Öffne uns durch Jesus Christus die Augen für das, was wirklich wichtig ist. Amen.

LIED

Er weckt mich alle Morgen (EG 452)

41. Gerufen und getauft

So spricht der Herr, der dich geschaffen hat: Fürchte dich nicht, denn ich habe dich erlöst; ich habe dich bei deinem Namen gerufen; du bist mein! Jesaja 43,1

AUSLEGUNG

Unsere Praxis, Menschen am Anfang ihres Lebens zu taufen, ist weltweit nicht das „Normale". In früheren Jahrhunderten – und heute auch nicht mehr nur in den Entwicklungsländern – fanden und finden Menschen im Laufe ihres Lebens zum Glauben und werden getauft. Freilich: Wie Eltern ihr Kind nicht ohne Sprache erziehen können, so auch nicht ohne Glauben. Wir lernen als Kinder vielleicht nur eine wortarme, grammatikalisch unsichere Sprache. Wir können uns sogar später für eine andere „Muttersprache" entscheiden. Aber ob wir sprechen und worauf wir vertrauen, das lernen wir bei unseren Erziehungsberechtigten. Was geschieht in der Taufe?

Die Anfänge der christlichen Taufe liegen etwas im Dunkeln. Jesus hat sich von Johannes im Jordan taufen lassen, selbst aber danach nicht getauft. Die erste Christengemeinde, in der der auferstandene Christus gepredigt wurde, hat dann aber offenbar von Anfang an die Taufe als Tür zur Mitgliedschaft in der Gemeinde gesehen und praktiziert. Der Täufer Johannes wollte Israel noch einmal neu, wie damals Josua, über den Jordan ins gelobte Land führen. Für die Christen war das neue Leben durch Kreuz und Auferstehung Christi gegeben. Die Taufe bestätigt nicht unsere Entscheidung („Bekehrung"), sie ist das Siegel für eine lebenslange Erlaubnis Gottes, heimzukommen. Taufe meint keine Namengebung. Der Mensch hat schon einen Namen und eine ganz persönliche Geschichte, wenn er zur Taufe kommt (oder getragen wird). Aber er wird in der Taufe höchstpersönlich bei diesem Namen „gerufen".

Wer einmal vor dem Ertrinken gerettet wurde, weiß von da an, wem er sein Leben verdankt. Wir sind neu geboren durch die Taufe. Für Menschen, die am Anfang ihres Lebens von Gott bei ihrem Namen gerufen werden, kann es am Ende keine anonyme Beerdigung geben. Und weil Gott uns nicht vergisst, stehen wir in der Pflicht, keinen zu vergessen. Auch uns selbst dürfen wir nicht vergessen machen. Nicht unser Ruf, Gottes Ruf steht auf dem Spiel.

GEBET

Du hast hinter meinem Namen bei der Taufe eine Markierung eingetragen, Gott: Der – oder die – gehört mir, sagst du. Hilf mir, immer daran zu denken, was auch kommen mag. Amen.

LIED

Fürchte dich nicht (EG NB 595) *oder* Ich bin getauft auf deinen Namen (EG 200)

42. Wie Gott in Frankreich

So seid ihr nun nicht mehr Gäste und Fremdlinge,
sondern Mitbürger der Heiligen und Gottes
Hausgenossen. Epheser 2,19

AUSLEGUNG

„Fühlen Sie sich bei uns wie zu Hause", sagt die
Pensionswirtin. Und fügt im Stillen hinzu: Aber
benehmen Sie sich auch so!

Gäste, Fremde, Mitbürger, Hausgenossen –
dieser Wochenspruch enthält ein ganzes Bündel
von sperrig gewordenen Bildworten. Gastlichkeit
kennen viele heute fast nur noch als gekaufte
Behaglichkeit. Was sich einer wünscht oder her-
ausnimmt, es muss bezahlt werden. Bürgerrecht?
Vielen jüdischen Mitbürgern wurde unter den
Nazis zum Verhängnis, dass sie den urplötzlichen
Verlust ihrer Bürgerrechte einfach nicht fassen
konnten. Heute nehmen wir diese Rechte ganz
selbstverständlich in Anspruch, im vereinigten
Deutschland, ja in ganz Europa. Und auch in
der übrigen Welt sind wir nur scheinbar Fremde,
denn dank unseres deutschen Passes genießen wir
weltweit hohes Ansehen.

Schließlich die „Hausgenossen": Die Wohnung
ist mittlerweile für viele der letzte Platz, wo sie sich
einigermaßen unkontrolliert und unreglementiert
fühlen. Entsprechend vielfältig sind die Formen
der Ausstattung und des Zusammenlebens. Die

bürgerliche Kleinfamilie ist längst ein Minderhei-
tenmodell. Die Bilder dieses Wochenspruchs tau-
gen also nur noch auf mühsamen Umwegen dazu,
uns das Gemeinte näherzubringen. Kriechen wir
z.B. in die Haut eines Kosovo-Serben, dem die Ab-
schiebung droht. Oder in die einer Frau, die einen Tschernobyl-geschädigten Teenager aus Weiß-
russland erwartet. Sprechen wir mit der älteren
Türkin, die angesichts der Verpflichtung, endlich
Deutsch zu lernen, nach 30 Jahren wieder in ihr
anatolisches Heimatdorf zurückkehren wollte.
Aber dort war ihr inzwischen alles noch viel fremder als in Berlin.

Wir sollten sehr behutsam sein, wenn wir von
der Notwendigkeit sprechen, dass unser Glaube
eine Heimat kennt und braucht. Ein Zuhause in
der Gemeinschaft derer, die glauben wie wir? Ja!
Vertrauen auf unveräußerliche Bürgerrechte im
Reich Gottes? Sicher doch! Aber rechnen wir immer damit, dass andere in der Hinsicht ganz andere, für uns sehr befremdliche Träume haben.

GEBET

Wie eng ist mein Horizont, Gott, wenn ich daran denke, was ich am christlichen Glauben schön
finde. Nimm mir die Unsicherheit, die dir und andern Menschen Zäune setzen möchte. Amen.

LIED

Gott liebt diese Welt (EG 409) *oder* Ich bin ein
Gast auf Erden (EG 529)

43. Aufgeklärt in Gott

Lebt als Kinder des Lichts; die Frucht des Lichts
ist lauter Güte und Gerechtigkeit und Wahrheit.
Epheser 5,8.9

Auslegung

Licht ist lebendig und Leben schaffend. Ich spüre das besonders deutlich, wenn im zeitigen Frühjahr die Tage langsam wieder länger werden. Da sind auf einmal wieder Energien und Ideen da, die vorher fehlten. Der Wochenspruch spricht von Kindern und von Frucht. Was wir an Erhellendem und Erleuchtetem zu Wege bringen, verdanken wir unserem „Erbgut", weiß die Bibel.

Wer heute eine Lampe kauft, muss sich nicht nur fürs Energiesparen, sondern auch für die richtige Lichtfarbe entscheiden. Zwar benutzen wir das elektrische Licht, damit es uns bei Dunkelheit das fehlende Sonnenlicht ersetzt, dennoch bevorzugen viele eine warme Beleuchtung, die eher an die Zeit von offenen Feuern und Fackeln erinnert als an Sonne. Wir sind offenbar nicht dafür geschaffen, dauernd im Licht zu stehen. Der Wechsel zwischen hell und dunkel, einschließlich seiner Übergänge, entspricht unserem Rhythmus von Wachen und Schlafen.

Aber gerade weil das so ist, müssen wir am Tage dafür sorgen, dass in der Nacht nichts geschieht, was dem Leben abträglich ist. Während wir schlafen oder nichts sehen können, verschaffen sich womöglich andere, „lichtscheues Gesindel", ungerechtfertigten Gewinn auf Kosten anderer. Oder sie führen uns am Tage durch falsche Informationen „hinters Licht", ins Dunkle. Christen haben deshalb von Haus aus, von dem, dessen Kinder wir sind, die Gabe und den Auftrag, helle Köpfe zu sein in ihrer Umgebung und für Aufklärung zu sorgen, damit niemand in Unmündigkeit befangen bleibt, verschuldet oder nicht.

Aber Licht kann auch unbarmherzig sein. Der Scheinwerfer des Autos lässt dem flüchtenden Hasen keine Chance, sich in die seitliche Böschung zu retten. Licht kann auch Leben beschädigen, weil es kalt ist und unbarmherzig. Mit Schwarz-weiß-Denken ist niemandem geholfen. Gerechtigkeit und Wahrheit ohne Güte – da bliebe die Menschlichkeit auf der Strecke.

GEBET

Ich danke dir für die Ruhe der Nacht und das Licht eines neuen Tages, lieber Vater. Hilf mir ein Licht anzuzünden, wo die Finsternis regiert, und vertrauensvoll das Licht auszuschalten, wo Geborgenheit und Liebe ihren Raum brauchen. Amen.

LIED

Gott, unser Ursprung (EG 431) *oder* Herr, du hast mich angerührt (EG 383) *oder* Herr, deine Güte reicht (EG 277)

44. Glaube kann man nicht verzocken

*Wem viel gegeben ist, bei dem wird man viel suchen;
und wem viel anvertraut ist, von dem wird man um
so mehr fordern.* Lukas 12,48

AUSLEGUNG

Man kann das als ein Wort lesen, das Angst
macht. Angst ist so lange hilfreich, wie sie vor
Selbstüberschätzung schützt. Der Igel, der vom
Fuchs angegriffen wird, verlässt sich nicht auf seine scharfen Zähne und seine langen Krallen. Er
rollt sich ein und überlebt. Manchmal kann es nötig sein, einen Selbstsicheren zu warnen: Wie viel
bunter, glücklicher könnte dein Leben sein, wenn
du aufhörtest, das für Glück zu halten, was dich
von anderen unterscheidet und trennt!

Aber wo Angst verkrampft und eigener Möglichkeiten beraubt, da ist sie lebensfeindlich. Der
Spruch nimmt Bezug auf ein Jesusgleichnis (Mt
25,14-30). Da hinterlässt ein Chef seinen Mitarbei-
tern unterschiedlich große Summen. Damit sollen sie arbeiten. Am Tag der Abrechnung gibt aus-
gerechnet der mit dem kleinsten Deputat seinen
Anteil unverändert zurück. Er habe ihn aus Angst
vergraben, sagt er, während die anderen mit ihrem Anteil erfolgreich gewirtschaftet haben.

Wir müssen auf die richtige Folge von Ursa-
che und Wirkung achten. Am Anfang steht bei

diesem Mitarbeiter nicht die Angst, sondern das Bewahrenwollen der wertvollen Gabe. So macht er aus dem Geld, mit dem man viel machen kann, eine Konserve, die er vergräbt. Wie viele Christen wollen Gottes Wort, den Wortlaut der Bibel bewahren. Und aus dieser Lust am Bewahren wird die Angst vor der Verfälschung. Und diese Angst bindet ihnen die Hände, und sie können den Hunger derer nicht mehr stillen, die nach dem Brot des Lebens fragen. Sie bieten nur noch ein sorgfältig konserviertes Brot an und fordern dazu auf, ihre Konserven zu schlucken, ihre zugelöteten Wahrheiten, die weder Kalorien noch Vitamine enthalten, sondern schlicht unverdaulich sind.

Wir müssen unseren Wochenspruch nicht als Satz lesen, der Angst macht. Wir können daraus die große Freiheit hören: Lasst die euch von Christus anvertrauten Werte nur munter arbeiten. Das Einzige, was ihr falsch machen könnt, ist, ihnen zu wenig zuzutrauen, um euch herum und bei euch selbst.

GEBET

Aus dem Physikunterricht weiß ich seit Langem: Energie kann nicht verloren gehen. Warum bekomme ich immer wieder Angst, Gott, deine Energie könnte unter uns verpuffen? Amen.

LIED

Gott gab uns Atem (EG 432)

45. Mirjam und Jeshua

Wohl dem Volk, dessen Gott der Herr ist, dem Volk, das er zum Erbe erwählt hat. Psalm 33,12

AUSLEGUNG

Es geht um das Volk Israel, es geht um die Juden in diesem Wort. Lange, viel zu lange haben die Christen beim Stichwort Volk Gottes, ja sogar bei dem Namen Israel an sich selbst gedacht. Vergessen war, dass Jesus Jude war, nach jüdischem Gesetz beschnitten, im jüdischen Glauben erzogen und beheimatet, von der römischen Besatzungsmacht als angeblicher jüdischer Aufrührer gefoltert und hingerichtet. Auch wer nicht abfällig über Juden dachte und ein entschiedener Gegner von Antisemitismus war, ging ohne groß nachzudenken davon aus, dass die Verheißungen Gottes der Kirche galten und mit „Erbe" das ewige Leben gemeint sei, das nach dem Tod im Glauben auf uns wartet.

Inzwischen sind die Weichen neu gestellt. Wir wissen, die Bibel kann und darf nicht so gelesen werden, als habe Gott Israel verworfen und die Kirche an seine Stelle gesetzt. Der neue Bund in Jesus Christus besagt vielmehr, dass Gott seine Heilsgeschichte auf die ganze Welt ausgeweitet hat. Israel „gehört" nach wie vor „die Kindschaft ..., das Gesetz ..., der Gottesdienst und die Verheißungen" (Röm 9,4). Es ist das Volk, das er zum Erbe erwählt hat (Röm 11,29). Gott erwählt, indem er Verantwortung abgibt, Verantwortung dafür, dass immer mehr Menschen sein Wort hören und seine Liebe erfahren.

Deshalb hat Jesus seine Jüngerinnen und Jünger über die Grenzen Israels hinaus in alle Welt geschickt. Und durch die Taufe dürfen sich seitdem auch die als Kinder verstehen, die keine Jüdin zur Mutter haben.

Leider hat diese Öffnung göttlicher Erwählung nicht dazu geführt, den Judenhass zu mindern, im Gegenteil: Bis heute sind auch und gerade Christen immer wieder mitverantwortlich für den weltweiten Antisemitismus. Der „Israelsonntag“ ruft uns darum stellvertretend im Kirchenjahr auf, über den Zusammenhang von Altem und Neuem Testament, von erwähltem Volk und Kirche, von Gesetz und Evangelium nachzudenken. Es gehört zu den selbstverständlichen Pflichten der Christen, sich für das Lebensrecht des jüdischen Volks und seines Glaubens einzusetzen.

GEBET

Nur weil du Jesu Vater bist, darf ich dich als Vater anrufen, Gott. Nur weil du die Juden liebst, liebst du die Christen als ihre Geschwister. Amen.

LIED

Herr, mach uns stark (EG 154) oder Nun preiset alle (EG 502)

46. Keine Untertanenmoral

Gott widersteht den Hochmütigen, aber den
Demütigen gibt er Gnade. 1. Petrus 5,5

Auslegung

Muss Gott dafür herhalten, eigentlich selbstverständliche Wertungen religiös zu untermauern?
Dieser Eindruck entsteht, wenn Hochmut und
Demut, wie in den Moralbüchern der Ständege-
sellschaft üblich, als missliebige oder gewollte Ei-
genschaften von Untergebenen gehandelt werden.
Da ist auch Neugier, die verpönte Neigung, die
Nase in Dinge zu stecken, die einen nichts ange-
hen. Dabei ist sie in Wahrheit überlebenswichtiger
Wissensdrang. In diesem Milieu des Untertanen
ist Hochmut ein unerlaubter Anspruch auf Teilha-
be und Demut im Sinne von Bescheidenheit ein
hohes Gut. Sie macht sich bezahlt, weil die Mächtigen sie belohnen.

Liest man unseren Wochenspruch aber im Geist
biblischer Erfahrungen und Ermutigungen, dann
kommen wir zu ganz anderen Ergebnissen. Gottes Gnade wendet sich dann an die Gedemütig-
ten, von Mitmenschen oder Verhältnissen klein
Gemachten. Sie dürfen wissen, dass Gott sich
für sie klein gemacht hat. Fortan ist nicht mehr
das wichtig, zu dem sie ebenso beeindruckt wie
hilflos aufschauen. Jetzt können sie auf die Part-

nerschaft dessen setzen, der ihnen auf Augenhöhe gegenübertritt, und mit ihm die Erde gestalten.

Und umgekehrt: Mitmenschen durch Überlegenheit sich gefügig zu machen, mag kurzfristig Erfolge bewirken. Auf Dauer zerbricht so einer – auch in Wirtschaft und Politik – an der Kälte und Leere seiner Macht. Erfülltes Leben schließt Zuneigung ein und das Vertrauen auf ein sinnvolles Ziel. Wer seinen Mut aus der Höhe seines Guthabens bezieht, den lässt Gott über die Kleinen stolpern, auf die er meinte, treten zu dürfen.

Dieses Wort ist eine passende Überschrift für das Evangelium vom Pharisäer und Zöllner. Der Pharisäer meint, sich bei Gott auszukennen und demütigt damit den Zöllner. Dieser aber erfährt unverdient von Gott die Zusage: Du bist mir recht. Der Fromme, der Gottes Willen kennt und tut, stürzt ab, weil seine Hände so voll sind, dass er nichts annehmen kann. Nicht Demut wird belohnt, Hochmut bestraft, sondern die Frage beantwortet: Wer braucht Jesus, um zu Gott zu finden?

GEBET

Fall mir in den Arm, Gott, wenn ich dich als moralischen Zeigefinger missbrauche. Hilf mir, denen mit den gesenkten Köpfen ins Gesicht zu schauen. Amen.

LIED

Lass mich, o Herr, in allen Dingen (EG 414)

105

47. Für eine zärtliche Vernunft

*Das geknickte Rohr wird er nicht zerbrechen, und
den glimmenden Docht wird er nicht auslöschen.*
Jesaja 42,3

AUSLEGUNG

So zärtlich kann man von Gott und seinem Lebensschutz sprechen! Das Schilfrohr ist um-
geknickt. Jemand hat die an sich sehr stabile
Struktur des Halms, die auch stärksten Stürmen
flexibel widersteht, beschädigt. Keine Aussicht
auf Heilung! Ein abgeknickter Halm kann sich
nicht wieder aufrichten. Entsprechendes gilt vom
glimmenden Docht. Selbst heftiges Anblasen, das
sonst ein Feuer wieder in Gang bringen kann, lie-
ße hier nur das Dochtende schneller verkohlen.

Hinter diesen ebenso alltäglichen wie eindrucksvollen Bildern steht die Erkenntnis: Im
Umgang mit menschlichem Leben dürfen wir
nicht fragen, ob sich etwas „lohnt". Auch eine Be-
schädigung oder Einschränkung, die keine Aussicht auf Besserung hat, rechtfertigt nicht, einem
Menschen sein Lebensrecht abzusprechen.

Dies ist eigentlich allgemein anerkannt. Aber
nun wird argumentiert: Wir müssen wegen des
wissenschaftlichen Fortschritts die Mittel bün-
deln. Hier wird der Gedanke „lohnt nicht" durch
die Hintertür wieder eingeführt. Die Förderung
der Schwächsten wird eingeschränkt, damit die

Besten schneller vorankommen. Im Namen unseres Gottes, der glimmende Dochte nicht ausdrückt, müssen wir solchem Rentabilitätsdenken widersprechen.

Der andere Bereich, der hier in den Blick kommt, ist die Frage des selbstbestimmten Sterbens. Seitdem die Menschen die Geborgenheit in kindlichem Gehorsam, das Paradies, verlassen haben und mündig geworden sind, wissen sie, was gut und böse ist. Seitdem sind wir aber auch gezwungen, uns selbstbestimmt zu entscheiden. Und das schließt auch die Frage ein, ob wir immer alles tun dürfen, was wir entscheiden können, bzw. ob die Pflicht zu entscheiden, auch ein unbegrenztes Recht dazu einschließt.

Der zärtliche Lebensschutz Gottes gibt uns alle Möglichkeiten in die Hand, körperliche Schmerzen zu betäuben und Todesangst zu lindern. Aber das Leben selbst darf nicht in unsere Hände fallen.

GEBET

Wie vielfältig ist das Leben, das du geschaffen hast, Gott. Und wie begrenzt meine Vorstellungen davon, was sich lohnt. Wehre unserer Lust am kurzen Prozess. Amen.

LIED

Nun lob, mein Seel, den Herren (EG 289)

48. Der Himmel auf Erden

Christus spricht: Was ihr getan habt einem von diesen meinen geringsten Brüdern, das habt ihr mir getan.
Matthäus 25,40

AUSLEGUNG

„So gut wie" sagen wir, wenn wir meinen, zwei Tatsachen oder Gegenstände seien praktisch gleich, aber doch nicht dasselbe. Jesus sagt nicht „so gut wie" in diesem Satz. Was wir einem hilfsbedürftigen Menschen tun, tun wir wirklich ihm. Warum ist ihm das wichtig?

Der christliche Glaube ist keine Religion, die das Leben in einen göttlichen und einen weltlichen Bereich aufteilt. Wo Menschen nach ihren religiösen Bedürfnissen handeln, bevorzugen sie eine solche Aufteilung. An den Orten, an denen man die Altäre aufstellt, hat man es mit der Gottheit zu tun und braucht sich nicht mit zweifelnden Fragen zu quälen. Und umgekehrt: Außerhalb der abgegrenzten Bereiche ist dann Welt. Da herrschen weltliche Maßstäbe, da hat die Vernunft das Sagen, da ist Moral Ansichtssache.

Jesus hat dieser Aufteilung der Wirklichkeit immer im Namen seines himmlischen Vaters widersprochen. Wir können uns die Welt nicht mit Gott teilen. Wir stehen überall in der Verantwortung vor ihm und müssen zugleich für alles sorgen, als ob es Gott nicht gäbe.

Wir könnten nun daraus die Konsequenz ziehen, die Aufgaben in bedeutende und weniger wichtige zu katalogisieren und sie dann entsprechend abzuarbeiten oder zu delegieren.

Jesus aber sagt im Gleichnis vom barmherzigen Samariter: Fang mit dem an, der dir vor den Füßen liegt. Das werden erfahrungsgemäß eher die Kleinen sein, die zu unserem Alltag gehören, als die Prominenten, die in den Medien stehen. Im – seltenen! – Zweifelsfall sollen wir dem Geringen den Vorzug geben. Er braucht uns dringender, und ich habe es nötiger, ihm in die Augen zu sehen, um zu wissen, wer ich wirklich bin. Unsere helfende Tat sollte nie „blicklose Barmherzigkeit" (Martin Buber) sein. Das ist der sicherste Schutz, dass wir nicht berechnend werden.

Von Menschen, die sich kompromisslos in diesen Dienst begeben haben, höre ich manchmal, sie hätten mehr empfangen als gegeben. Hängt das vielleicht auch damit zusammen, dass Jesus nicht gesagt hat „so gut wie"?

GEBET

Lass uns hören, was du sagst, Gott. Lass uns glauben, was wir hören. Lass uns erfahren, was wir glauben. Lass uns tun, was wir erfahren! Amen.

LIED

So jemand spricht: Ich liebe Gott (EG 412)

49. Wie weit ist es vom Morgen bis zum Abend?

Lobe den Herrn, meine Seele, und vergiss nicht, was er dir Gutes getan hat. Psalm 103,2

AUSLEGUNG

Einen Brief lesen, den man irgendwo in alten Unterlagen findet. Ein Foto aus lange vergangenen Tagen betrachten. Ein warmes Gefühl entsteht, wenn wir Erinnerungen begegnen. Sollte das nicht vor Gott erst recht gelten? Unter seinen Augen fällt uns ja nicht nur dies oder das ein. Uns wird bewusst, dass nichts selbstverständlich ist.

Es lohnt sich, in einer ruhigen Minute einfach mal bewusst die Dinge anzuschauen, auf die der Blick fällt. Oder sich an die Menschen zu erinnern, mit denen man an diesem Tag zu tun hatte. Oder auf dem Hintergrund der Tageszeitung zu überlegen, was einem heute nicht passiert ist.

Ich merke, da ist so viel Grund, dankbar zu sein, dass ich mit dem Nachdenken gar nicht fertig werde. Wäre es nicht an der Zeit, dieses „Dankeschön" auch einmal hörbar zu machen? Gott loben – am leichtesten fällt uns das im gemeinsamen Lied. Vielleicht erübrigt sich so manche Kritik an der Kirche und so manche Frage nach dem Sinn von Gottesdienst und Gemeinde, wenn ich mir klar mache, wie selten ich sonst Gelegenheit finde, Gott zu loben.

Gelobt wird in der Regel ohnehin zu wenig. Loben hat leicht etwas Gönnerhaftes, und viele von uns können mit positiven Gefühlen auch schlechter umgehen als z.B. mit Ärger oder Anklage. Da bleibt das Lob Gottes leicht auf der Strecke. Was für ein Glück – bei Licht betrachtet –, dass wir in der Gemeinde mindestens an jedem Sonntag dazu eingeladen sind.

Psalm 103 erinnert uns vor allem daran: Gott vergibt dir alle deine Sünden. Wer von uns würde das als ersten Grund nennen, Gott zu loben? Aber ist dies nicht jeden Tag ein Grund, was immer sonst geschieht? Könnten wir sonst leben angesichts der langen Liste von Menschen, denen wir etwas, vielleicht Entscheidendes schuldig geblieben sind? „So fern der Morgen ist vom Abend, lässt er unsere Übertretungen von uns sein" (V 12). Was für eine Zusage für einen, der die Erinnerung an eine Schuld keine Handbreit hinter sich lassen kann!

GEBET

Danke, Gott, dass mein Leben so viel größer ist als ein Lottoschein. Danke, dass du darin Platz nimmst und ihm dadurch ein wunderbares Gewicht gibst. Amen.

LIED

Ich lobe meinen Gott (EG 272)

50. Gabelstapler Vertrauen

Alle eure Sorge werft auf ihn; denn er sorgt für euch.
1. Petrus 5,7

AUSLEGUNG

Sorgfältig sein und sich Sorgen machen – das klingt so ähnlich und ist doch ein buchstäblich himmelweiter Unterschied. Denn wenn ich mir Sorgen mache, dann setze ich Sorgen in die Welt, die wahrscheinlich ganz unnötig sind. Aber wenn ich sorgfältig bin, dann sorge ich für ein möglichst gutes Gelingen. Unser Wochenspruch will, dass wir auch mit unserem Vertrauen sorgfältig umgehen. Christen, die sich Sorgen machen, versäumen etwas Wichtiges: Das, was sie belastet, und das, was sie glauben, zueinander zu bringen. In ihrem Kopf, in ihrer Seele hat Gott wahrscheinlich nach wie vor seinen festen Platz. Aber ein anderer Teil, ein gegenwärtig viel bestimmenderer Bereich ist von der Sorge besetzt, um einen Menschen, um Geld, um die Zukunft, was immer.

Sorgfältig mit dem Glauben umgehen, das kann nicht heißen: Wirf die Sorge einfach hinaus. Daran scheitere ich ja eben, dass ich die Sorge nicht werfen kann. Ich kann sie nicht mal anheben. Sie ist viel zu schwer. Sie droht mich geradezu zu erdrücken. Nein, Gott mutet dir nicht zu, deinen Sorgen überlegen zu sein. Er sagt: Lass mich mal! Du weißt doch, dass ich stärker bin als alles. Halte dich allein an dieses Vertrauen. Lass es nicht als schöne alte biblische Wahrheit in deiner Schublade liegen. Nimm es in die Hand und gehe sorgfältig damit um, nachdenkend, betend, die Bibel intensiver befragend. Behandle dein Vertrauen so sorgfältig, wie du bislang deine Sorge angefasst hast. Ich, Gott, werde inzwischen die Tür zwischen der Kammer, in der du mich eingesperrt hattest, und dem Raum mit deinen Sorgen öffnen und werde ihnen zu Leibe rücken.

Glauben heißt nicht, weniger Sorgen zu haben. Es gibt ja so viele Mitgeschöpfe, für die wir sorgen müssen; sie alle warten auf unsere Liebe. Aber weil wir in dieser Liebe Gottes Mitarbeiter und Treuhänder sind, gehören auch unsere sorgenden Gedanken eigentlich nicht uns. Vor allem werden wir keine Kraft damit vergeuden, uns eigene Sorgen zu machen. Leichtsinnig können wir nicht sein. Aber dass es uns leichter ums Herz wird, das dürfen wir erwarten.

GEBET

Wenn ich manchmal nicht aus noch ein weiß, Gott, dann rufe du dich in meine Erinnerung! In deinem Licht sehe ich nicht weniger, sondern mehr. Amen.

LIED

All eure Sorgen (EG BT 631) oder Fürchte dich nicht (EG NB 595) oder Befiehl du deine Wege (EG 361)

51. Dahlien und Osterglocken

Christus Jesus hat dem Tode die Macht genommen
und das Leben und ein unvergängliches Wesen
ans Licht gebracht durch das Evangelium.
2. Timotheus 1,10

AUSLEGUNG

Noch einmal Ostern, mitten im Sommer? Der Akzent liegt hier weniger auf dem weltverändernden Ereignis der Auferweckung Jesu Christi als darauf, was dieses Evangelium bei uns ausrichtet. Wir sind ja immer beides: dem Tod ausgeliefert, soweit er die Grenze unserer Möglichkeiten und unserer Verantwortung markiert, und versucht, uns dem Tod als Komplize anzudienen. Wir sollen wissen, dass unsere Tage gezählt sind. Aber wir sollen dem Tod nicht in die Hand arbeiten.

Es ist nicht immer leicht, das eine vom anderen zu unterscheiden. Dienen wir dem Tod oder dienen wir dem Leben, wenn wir die modernen Möglichkeiten nutzen und im vorgeburtlichen Prozess Gesundes vom Kranken trennen? Ist es Ausdruck des unvergänglichen Wesens, das Ostern ans Licht gebracht wurde, wenn wir hilflosen Menschen notfalls mit Waffengewalt helfen, oder müssen sich Christen da verweigern?

Unser Wochenspruch sagt: Die Auferstehungswirklichkeit Gottes kommt in unser Leben in der

114

Gestalt des Wortes, im Evangelium. Dieses Wort ist keine vom Himmel gefallene Heilige Schrift, die wir nur noch anwenden oder ablehnen können, sondern Gottes Wort im Wort von Menschen.

Es geht deshalb nicht anders: Wir müssen reden: mit denen, die auf einem speziellen Gebiet uns voraus sind als Wissenschaftler; mit denen, die neben uns stehen, aber das anstehende Problem bislang anders beurteilen. Und mit denen, die vor uns in ähnlichen Lebenslagen versucht haben, Gott beim Wort zu nehmen.

Wir haben für diese Gespräche mit Vergangenheit, Gegenwart und Zukunft eine klare Grundlage: die Botschaft von Kreuz und Auferweckung Jesu Christi. Aber damit ist nicht gesagt, dass Gläubige für uns von vornherein die besseren Berater wären. Nicht nur beiläufig lesen wir im Evangelium Geschichten, in denen Jesus seinen Jüngern einen „Ungläubigen" als Beispiel vorhält. Das neue Leben durch Christus ist nicht schwarz-weiß, sondern gewiss noch viel bunter als das alte.

GEBET

Bewahre mich davor, Gott, dass meine Urteile Göttlichkeit beanspruchen und damit unmenschlich werden. Hilf mir, dem Leben zu trauen, das du hervorgebracht hast. Amen.

LIED

Wach auf, mein Herz (EG 114)

52. Das fremde Organ

*Unser Glaube ist der Sieg, der die Welt
überwunden hat.* 1. Johannes 5,4

AUSLEGUNG

Unser Glaube ist mehr, als wir in ihm sehen und
ihm zutrauen. Und bestimmt auch mehr, als andere entziffern und verstehen. Unser Glaube ist
nämlich nicht nur ein Teil von uns – ein Gefühl,
eine Überzeugung, eine Kraft, die durch Sehnen
und Nerven irgendwie mit unserem übrigen Leib
verbunden wäre. Nein, sagt Johannes im ersten
Teil des Satzes: Unser Glaube ist ein Kind Gottes
in uns. Darum kann von unserem Glauben viel
Größeres gesagt werden als von uns, die wir ja bis
zu unserem Tod ein Teil dieser Welt sind und bleiben.

Welchen Sinn hat das, unsern Glauben so als
eine Art Fremdkörper in uns zu beschreiben?
Sollen wir etwa an unsern eigenen Glauben glauben? Nein, dein Glaube ist wie dein Schatten. Bei
Sonnenschein siehst du ihn vielleicht, aber im
Dunkeln nicht. Die Sonne allerdings scheint immer. Dein Glaube ist mehr, als du siehst. Er weiß
mehr und blickt weiter als du. Als das besondere Geschöpf Gottes in dir macht er dir Mut, zu
Aussagen zu stehen, die dich eigentlich überfor-
dern. Manchmal wirst du versucht sein, das als
Großmäuligkeit zu verdächtigen, weil du dich zu

116

schwach fühlst und für die Konsequenzen nicht geradestehen kannst. Manchmal wirst du auch begeistert sein, weil du unerwartet zu etwas in der Lage bist, was du dir, hätte man dich vorher gefragt, nie zugetraut hättest. Paulus fasst das einmal in die widersprüchlichen Worte: „Ich lebe, doch nun nicht ich, sondern Christus lebt in mir." (Gal 2,20)

Die biblischen Zeugen haben so vom Glauben gesprochen, weil sie zweierlei ganz fest in uns verankern wollten: Dein Glaube ist nie deine Leistung. Gib acht, dass du nie so vom Glauben sprichst, als könntest oder müsstest du irgendetwas zu Gottes Werk an dir hinzufügen. Und: Dein Glaube ist das Kind dessen, der die Welt verändert hat. Das wird er auch weiter tun. Widersetze dich allem, was aus dir oder anderen ein Produkt der Verhältnisse macht, wie sie nun einmal sind. Du bist schon in diesem Leben, das auf den Tod zugeht, an dem Sieg über den Tod beteiligt.

GEBET

Ich wundere mich über die Aussagen meines Glaubens, Gott. Hilf mir, den Wundern zu trauen, die da aufscheinen. Amen.

LIED

Jesu, hilf siegen (EG 373) *oder* Halleluja. Suchet zuerst Gottes Reich (EG 182) *oder* Es muss uns doch gelingen (EG P 604)

53. An der eigenen Nase ziehen

*Dies Gebot haben wir von ihm, dass, wer Gott liebt,
dass der auch seinen Bruder liebe.* 1. Johannes 4,21

AUSLEGUNG

Einer unserer Lehrer war in unseren Augen einfach ein Versager, und wir gaben ihn regelmäßig
der Lächerlichkeit preis. Bis eines Tages unser sehr
geschätzter Klassenlehrer vor uns hintrat und sag-
te: „Ab sofort sehe ich alles, was Sie dem Kollegen
X antun, so an, als wäre es mir widerfahren." Von
dem Tage an änderte sich unser Verhalten grund-
legend.

Gott setzt seine ganze Autorität aufs Spiel.
Er sagt: Du liebst mich erst wirklich, wenn dem
Menschen geholfen ist, der jetzt noch auf Hilfe
wartet. Oder noch zugespitzter: Spar dir deine
schönen Choräle und deine eindrucksvollen Gebete! So lange deine Schwester misshandelt wird,
fühle ich mich von dir misshandelt.

Kann das gutgehen? Überzieht er damit nicht
sein Konto? In einer Welt, in der so viele Menschen gar nicht sicher sind, ob ihnen Gott überhaupt etwas bedeutet – nicht zu reden von denen,
die dieses Thema für erledigt erklären –, können
wir uns da von einem Gebot etwas erhoffen: Du
sollst deinen Mitmenschen so behandeln, als hättest du es mit mir (mit Gott) zu tun!? Es ist doch
in Wahrheit Gott, der in vielfältiger Weise der

Lächerlichkeit preisgegeben wird. Müssen wir da nicht nach einem Hebel suchen, der mehr oder weniger von allen anerkannt wird: der Moral z.B., dem Naturschutz oder dem Weltfrieden?

Wer Menschen in ihrem Verhalten ändern will, muss sie an einem Punkt treffen, der sie beeindruckt. Richtig. Aber darum geht es hier nicht. Hier ist der Skandal angesprochen, dass wir, die Christen, uns auf so vielfältige Weise um Gottes Ehre sorgen, aber um das Wohl von Menschen kümmern wir uns nicht. Sie sind zu weit weg, wir sind nicht zuständig, was immer.

Die Bedrohung unserer Welt – man kann sie auch als Vorwand benutzen. Dann verweigern wir die Hilfe, die wir als Christen leisten können, weil für die Lösung der großen Probleme andere verantwortlich sind.

Vielleicht wird eines Tages auch unser Bekenntnis wieder mehr Gehör finden, wenn die Menschen spüren: Die reden ja von etwas, was sie auch selbst tun.

GEBET

Vergib mir, Gott, dass ich immer wieder meine, du brauchtest meine Unterstützung, und dabei die vergesse, die sie wirklich brauchen. Amen.

LIED

So jemand spricht (EG 412)

54. Die Rechnung ohne den Wirt?

Aller Augen warten auf dich, und du gibst ihnen ihre Speise zur rechten Zeit. Psalm 145,15

AUSLEGUNG

Eine große Menschenmenge – sagen wir, auf einem Markt. Buntes Treiben. Jeder ist mit irgendetwas beschäftigt oder mit jemandem im Gespräch. Auf einmal ein Fanfarenton. Und auf einer übergroßen Leinwand am Rand des Platzes ein prominentes Gesicht. Aller Augen richten sich dorthin. Nein, so ist Gott nicht. Dass genug für alle da ist, dass alles von seinem Wohlgefallen lebt – vor aller Augen ist das nicht. Das Gegenteil freilich auch nicht. Sonst würde die Not der Hungernden mehr bewegen. Das genau scheint unsere Not, dass keines von beiden offensichtlich und für jeden einsichtig ist.

Das Erntedankfest verdankt seine Entstehung der Freude darüber, dass die Ernte eingebracht ist. Aber seinen Sinn hat es darin, dass es unser Denken in Gang setzt. Gedankenlosigkeit macht zuerst gleichgültig, dann undankbar, dann neidisch, dann aggressiv. Wenn wir denken können, dass unser Genug-Haben ein Wunder ist und durchaus nicht selbstverständlich, dann ist auch die Not der anderen nicht mehr selbstverständlich. Wir fangen an, zu verstehen, wodurch ihre Not entsteht, und wir entdecken Zusammenhänge mit unserer Art zu leben und zu handeln.

Faustregel: Je länger der Weg zwischen dem, was wir essen und dem Ort, an dem es gewachsen ist, desto größer die Gefahr, dass die Menschen in anderen Ländern nicht von dem leben können, was bei ihnen wächst.

Das Tischgebet ist das kleine tägliche Erntedankfest. Wir sehen auf das scheinbar Selbstverständliche vor uns auf dem Tisch. Wir halten ein paar Sekunden inne, spüren vielleicht unseren Appetit. Uns wird bewusst, dass wir am Leben sind, trotz allem, und dass viele täglich daran mitwirken. Nichts ist selbstverständlich. Wir sprechen oder hören Worte, die uns an Gottes gute Gaben erinnern. Verständlich wird das alles nur, wenn ich Gott danken kann, der in seinem Wohlgefallen seine Hand auftut (Ps 145,16).

GEBET

Der eine hat Hunger und kein Brot. Der andre hat Brot und mag nicht essen. Du gabst uns beides, guter Gott. Lass uns das Danken nicht vergessen. Amen.

LIED

Wir pflügen, und wir streuen (EG 508)

121

55. Hinter den letzten Reserven

Heile du mich, Herr, so werde ich heil; hilf du mir, so ist mir geholfen. Jeremia 17,14

AUSLEGUNG

Äußerste Ohnmacht steht hinter diesem Ruf. Nicht einmal die Kraft ist mehr da, zu einem Arzt zu sagen: Ich möchte gesund werden. Sagen Sie mir, was ich tun muss! Oder: Ich sitze vor einem Telefonbuch und weiß nicht, wen ich um Hilfe rufen soll, weil ich nicht einmal genau sagen kann, woran es mir mangelt oder ob mir überhaupt noch zu helfen ist.

In einer solchen Situation kann man nicht mehr nach Gott rufen wie nach der guten Fee, bei der man drei Wünsche frei hat. Ich werfe mich mit allem, was ich bin und sein möchte, Gott in die Arme: Heile du mich, Herr, so werde ich heil; hilf du mir, so ist mir geholfen.

Und – o Wunder: Da kann auf einmal neue Hoffnung entstehen. Da wird – vielleicht nicht gleich, aber nach und nach – eine Rettung sichtbar, die ich vorher nicht entdecken konnte. Vielleicht, weil ich auf ein Unglück fixiert war, das gar nicht der wahre Grund meiner Misere ist. Oder weil ich auf dubiose Helfer gesetzt hatte, die mir nicht nützen können. Gott allein weiß, was mich heil macht. Darum kann und wird er mich heilen.

Mag sein, dass ich den Abschied von manchen lieb gewordenen Wünschen noch vor mir habe. Mag sein, dass ich mit Beeinträchtigungen zu leben lernen muss, vor denen ich mich noch fürchte. Der Satz: „Da hilft nur noch beten!" ist falsch, wenn er Gott missbraucht als letzte Methode, den eigenen Willen durchzusetzen. Aber er hat recht, wenn er bedeutet: Da hilft nur noch, die Hände zu falten und damit alles loszulassen, was ich eigenmächtig oder in sinnloser Verzweiflung festhalten wollte. Vor diesem Hintergrund muss dann „heil werden" allerdings nicht völlig unsichtbar bleiben für mein auf diese weltliche Wirklichkeit ausgerichtetes Auge. Ich werde spüren, dass mir geholfen wird. Das Kind, das weinend mit seinem zerbrochenen Spielzeug vor seinem Vater steht, muss vielleicht lernen, dass „Papa das nicht kleben kann". Aber am Ende kann die vom Vater vorgeschlagene Lösung wirklich trösten. Und das Vertrauen, dass man bei ihm gut aufgehoben ist, wird wachsen.

GEBET

Hilf mir, mit dir im Gespräch zu bleiben, Gott, damit mir die Worte nicht ausgehen, wenn nichts mehr trägt. Bei dir ist mein Heil in Ewigkeit hinterlegt. Amen.

LIED

Stern, auf den ich schaue (EG 407) *oder* Ich steh vor dir mit leeren Händen (EG 382)

56. Sich nach der Wahrheit bücken

Es ist dir gesagt, Mensch, was gut ist und was der Herr von dir fordert, nämlich Gottes Wort halten und Liebe üben und demütig sein vor deinem Gott. Micha 6,8

AUSLEGUNG

Glauben – das ist für mich eher wie die Hand eines Kleinkindes in der seiner Mutter. Bilder wie Fundament, Wurzeln, ja sogar der Anker betonen mir zu stark das Unveränderliche, Unbewegliche am Glauben. Unsere Sprache verändert sich, unsere Wahrnehmung der Welt auch. Die schnellste Abfolge von Bildern erlebte ich in den Nachkriegsjahren als Kind auf einem Bauernhof von einem fahrenden Pferdefuhrwerk aus. Meine Enkel sehen die in Bruchteilen von Sekunden wechselnden Bilder eines Musikvideos oder schauen bei 240 km/h aus dem Fenster eines ICEs.

An der Hand der Mutter geht das Kind durch fremde Straßen, durch dröhnenden Verkehrslärm, über endlose Treppen. Allein die Mutter neben ihm garantiert ihm das versprochene Ziel und die Sicherheit des Zuhauses. Wir brauchen einen Glauben, der mitgeht, der nicht festgenagelt ist auf bestimmte Begriffe, Weltbilder oder Erfahrungen. Das kann aber nicht bedeuten, den Glauben im Fluss der Zeit der Beliebigkeit zu überlassen – darauf verweisen Bilder wie Fundament oder Anker zu Recht.

Unser Wochenspruch fasst es in dem Dreischritt zusammen: Gottes Wort halten – Liebe üben – vor Gott demütig sein. Gottes Wort halten, nicht in Stein meißeln. Regelmäßig damit umgehen, es aus immer neuen Blickwinkeln befragen und mit anderen besprechen. Liebe üben, das hat etwas mit Trainieren zu tun. Die Kraft unserer Liebe darf nicht erlahmen, erstarren, sich verhärten. Sie muss immer wieder auf verschiedene Weise belastet werden wie ein Muskel, damit sie wächst und gerade so bleibt, was sie ist. Und: demütig sein vor Gott. Der Demütige beugt sich, übt sich im Dienen. Davor drücken wir uns in der Regel gern. Demut meint nicht, auf eigenes Können, Wollen und Denken zu verzichten, sondern diesen Fähigkeiten zuzumuten, sich für andere einzusetzen. Wer Gottes Hand festhält, spricht mit ihm, liebt mit ihm und setzt sich mit ihm ein, ganz von selbst.

GEBET

Manchmal geht mir alles zu schnell und manchmal nicht schnell genug, Gott. Mit deinem Wort in der Hand bin ich immer da, wo ich gerade gebraucht werde. Amen.

LIED

Wohl denen, die da wandeln (EG 295) *oder* Ich glaube, dass die Heiligen (EG 253)

57. Für den Frieden streiten

Lass dich nicht vom Bösen überwinden, sondern überwinde das Böse mit Gutem. Römer 12,21

Auslegung

Kein Redebeitrag in einer Talkshow erhält so ungeteilten Beifall wie der Satz: „Ich finde, das muss jeder selbst wissen." Viele Menschen halten das für Toleranz und verwechseln so Gleichgültigkeit mit Frieden. Aber sind es nicht tatsächlich sehr oft religiöse Fanatiker, die für Bürgerkriege verantwortlich sind und den Weltfrieden gefährden?

Es klingt zuerst widersprüchlich. Aber tatsächlich ist der Frieden da am meisten gefährdet, wo zu wenig um die Wahrheit gestritten wird. Denn wo wichtige Fragen ungeklärt bleiben, sammeln sich Enttäuschung und Ärger an, die irgendwann in eine Explosion münden.

Nein, wir dürfen das Streiten nicht den frommen Fundamentalisten überlassen. Die suchen nicht die Wahrheit – die meinen sie zu haben! Für sie sind die mit der anderen Meinung die Bösen, die man ausschalten muss. Wir wollen gemeinsam suchen und fragen, was richtig und gut ist und mit diesem Guten das Böse überwinden. Aber dann muss man bereit und in der Lage sein, darum zu streiten, was gut und richtig ist.

Das beginnt damit, dass man genügend weiß, auch über den Glauben: über seine Grundlagen in der Bibel, über die verschiedenen Formen, das Evangelium in Gruppen und Kirchen zu leben, über wichtige Gegenwartsfragen, zu denen der Glaube Stellung nehmen muss.

Wo Menschen beieinander sind, die etwas wissen, wird ihr Gespräch ganz von allein vom Austausch ihres Wissens bestimmt und deshalb irgendwann auch vom Streit darüber, was denn nun wahr ist. Den Gleichgültigen macht das Angst, und sie möchten darum nur Themen erlauben, über die keiner etwas weiß – z.B. das Wetter übermorgen oder die Bedeutung der Sterne für unser Leben – aber das garantiert nicht Frieden, sondern Langeweile. Und daraus erwächst die Lust am Bösen.

Wenn wir uns nicht vom Bösen überwinden lassen wollen, müssen wir um das Gute streiten. Wir dürfen uns von den Fundamentalisten nicht die Frömmigkeit abkaufen lassen und von den Gleichgültigen nicht die Toleranz.

GEBET

Schenke uns ein Vertrauen, Gott, das unseren Gegnern mehr zutraut als ihre andere Meinung. Und schenke uns den Mut, deine Wahrheit nicht um des lieben Friedens willen zu verraten. Amen.

LIED

O Herr, mach mich zu einem Werkzeug (EG 416) *oder* Brich mit den Hungrigen dein Brot (EG 420)

58. Nicht vergessen, vergeben!

Bei dir ist die Vergebung, dass man dich fürchte.
Psalm 130,4

AUSLEGUNG

Das ist im ersten Augenblick ein befremdlicher Satz. Werde ich nicht einen, der mir vergibt, von diesem Augenblick an gerade nicht mehr fürchten? Ist die Angst nicht die Begleiterin dessen, der sich nicht traut, um Vergebung zu bitten? Der zweite Blick zeigt: Hinter diesem Befremden steckt das Missverständnis, als bedeute vergeben „fünfe gerade sein lassen". Gott lässt mich dann großmütig wissen: „Da mach dir mal keine Gedanken!" Einen solchen Gott kann ich nicht fürchten, ja nicht einmal ernst nehmen. Großmütig, von wegen! Er kann ja gar nicht anders. Vergeben ist sein Job (Voltaire).

Was Wunder, wenn bei einer solchen Verzerrung des Gottesbildes auch das eigene Schuldbewusstsein zur Karikatur wird! Wo alle „kleine Sünder" sind, geht die Sünde ja auch mich nicht besonders an. Außerdem: Es ist nicht nur bequemer, es ist auch viel erfolgreicher – sagt mir der Imageberater –, mich gut zu finden und in der Öffentlichkeit zu demonstrieren, dass ich gut drauf bin. Sogar die Kirche soll sich lieber um eine gute Presse kümmern, als von ihrer Schuld zu sprechen. Sie will doch ankommen bei den Leuten.

Was läuft da falsch? Ich denke, wir müssen uns als Christen zunächst um eine Sprache bemühen, die das Missverständnis der „billigen Gnade" (Bonhoeffer) verhindert. Wenn wir von Sünde und Schuld sprechen, dann muss deutlich werden, wie sehr wir einander verletzen können und was wir einander schon an einem einzigen Tag schuldig bleiben. Vergeben – wie schwer ist das! Wie selten gelingt das, weil der eine nicht wirklich vergeben oder der andere die Vergebung nicht annehmen kann.

Schauen wir von hier aus auf Gott, dann wird deutlich: Das ist seine Größe. Er kann vergeben. Dabei lässt er sich nicht herab! Das Evangelium von Jesus Christus erzählt, wie teuer Gott diese Vergebung zu stehen kommt, denn er ist der Heilige. Das kann man nur mit tiefem Erschrecken erkennen. Und mit großer Dankbarkeit, weil diese Vergebung auch das einschließt, was ich nicht wieder gutmachen kann.

GEBET

Rette mich, Gott. Ich kann einen Menschen nicht um Vergebung bitten, weil ich fürchte, dass er mir nicht vergeben kann. Vergib uns beiden. Amen.

LIED

Aus tiefer Not lasst uns zu Gott (EG 144) *oder* Mir ist Erbarmung widerfahren (EG 355)

59. Doppelte Buchführung?

Dem König aller Könige und Herrn aller Herren,
der allein Unsterblichkeit hat, dem sei Ehre
und ewige Macht. 1. Timotheus 6,15.16

AUSLEGUNG

Man liest diesen für unser Ohr zunächst schwer
zugänglichen Satz nur richtig, wenn man zwei
Dinge beachtet: Das „sei" gegen Ende kann man
ebenso gut mit „ist" übersetzen im Sinne von „er
hat sie". Im Griechischen fehlt da, wie üblich, ein
Verb. Man muss Gott die Ehre nicht erst geben,
sie gehört ihm. Und zweitens steht da wörtlich:
„Dem König aller, die wie Könige sind (oder aussehen) ..." Der Satz schließt nicht von unsern Königen auf Gottes Autorität. Gott bestimmt, was
einen König ausmacht. Alle Herrschaft „von Gottes Gnaden" ist darum keine religiös überhöhte,
sondern umgekehrt eine von Gott her abgeleitete
und eingeschränkte Macht. Der Wochenspruch
malt also genau genommen nicht die Ehre und
Macht Gottes mit weltlichen Farben aus, sondern
setzt aller menschlichen Macht und Ehre ihre
Grenzen. Wo immer Herrschaft von Menschen
über Menschen ausgeübt wird, da muss sie sich an
Gott messen lassen: in ihrer grundsätzlichen Be-
rechtigung und in ihrer Art, wie sie das im Einzelnen tut. Gott allein steht von Hause aus zu, Macht
zu haben und anzuwenden.

Christen können darum ihr Leben niemals in zwei Bereiche aufteilen: in einen, in dem Gott das Sagen hat und seine Ehre das Ziel all unseres Tuns ist, und in einen anderen, in dem es um Politik geht und um menschliche Ordnungen, die nach den Gesetzen unserer Vernunft und unserer alltäglichen Erfahrungen zu regeln sind. Die Trennung von Kirche und Staat in unserer Verfassung ist völlig missverstanden, wenn Menschen meinen, die Kirche müsse, könne oder dürfe sich aus den Fragen heraushalten, die im Parlament und in den Rathäusern verhandelt werden. Die Trennung bezieht sich nicht auf die Inhalte, sondern auf die Gremien: Was auf der einen Seite beschlossen wird, bindet nicht automatisch die andere. Da sind Gespräche nötig. Und weil die beteiligten Menschen oft auf beiden Feldern engagiert sind, kann häufig nur im Gewissen jedes Einzelnen entschieden werden, was die Politik regeln kann oder muss und was allein von der Verkündigung des Evangeliums her geklärt werden kann.

GEBET

Du sollst es zu sagen haben in allem, was ich denke und tue, Gott. Mach dich hörbar, wenn ich mich anderen Herren beugen möchte. Amen.

LIED

Die Erde ist des Herrn (EG NB 623) *oder* Herr, höre, Herr, erhöre (EG 423)

60. Schlummerleuchte für Gotteskinder

Mit Freuden sagt Dank dem Vater, der euch tüchtig gemacht hat zu dem Erbteil der Heiligen im Licht.
Kolosser 1,12

AUSLEGUNG

Man spricht von den lachenden Erben, wenn die Trauer über den Tod aus dem Blick gerät. Dieser Todesfall bedeutet dann für einige ein großes Glück. Kann man auch im Angesicht des eigenen Todes ein lachender Erbe sein? Der Verfasser dieses Bibelwortes meint das offenbar. Das Leben derer, an die er schreibt, ist gefährdet. Sie haben es schwer, müssen zur Geduld ermahnt und mit dem Hinweis auf Gottes Kraft getröstet werden. Aber im Vordergrund soll Freude und Dank stehen, indem sie auf das zugesagte Erbteil schauen.

Ich weiß, dass es auch heute Christen gibt, die so denken und deshalb auf ihre Umgebung eine erstaunliche Gelassenheit und großes Vertrauen ausstrahlen. Und nirgendwo steht geschrieben, dass früher mehr oder gar alle so gelebt haben.

In der Kirche hat man nur lange, viel zu lange auf das Elend weiter Bevölkerungskreise mit solchen Worten reagiert: „Seid geduldig. Später seid ihr die lachenden Erben." Diese Predigt hat Karl Marx zu Recht als Verteilen von Drogen unter die Armen kritisiert. Es ging darum, möglichen Widerstand gegen die Machenschaften der Reichen und Mächtigen zu unterbinden. Eine Kirche, die wie Christus Bruder der Armen und Entrechteten gewesen wäre, hätte zu solchem Widerstand ermutigt und ihn in vernünftige Bahnen gelenkt.

Aber damit ist nicht alles Reden von der Überwindung der Todesangst als Lüge entlarvt, im Gegenteil: Weil wir im Glauben schon Anteil haben an der „Osterbeute Christi" und lachende Erben sind, können wir uns eigentlich keiner Drohung mehr beugen. Ich denke an das Kind, das mich bittet, die Tür zum dunklen Schlafzimmer ein wenig offen zu lassen. Die Angst ist wirklich da und darum ernst zu nehmen. Aber sie ist auch unbegründet. Ich bin ja nebenan und kann jederzeit gerufen werden.

Unser Glaube lädt uns nicht ein, das Dunkle in unserem Leben nicht mehr so wichtig zu nehmen, weil doch im Himmel das Licht auf uns wartet. Wir müssen uns auch nicht mehr an unsere Ängste klammern. Wir haben Besseres zu tun.

GEBET

Dunkelheit macht uns unsicher, wir drohen uns zu verirren. Lass mich auf dein Licht sehen, Gott, damit ich getrost auf mein Ziel zugehe. Amen.

LIED

Jesus lebt, mit ihm auch ich (EG 115) *oder* Ich steh in meines Herren Hand (EG 374)

61. Der springende Punkt

Siehe, jetzt ist die Zeit der Gnade, siehe,
jetzt ist der Tag des Heils. 2. Korinther 6,2

Auslegung

Ein solches Wort als Wochenspruch – das ist ein Wagnis. Man kann doch dieses „jetzt" nicht alle Jahre wieder sagen, ohne es lächerlich zu machen. Oder ist damit gemeint: Der richtige Zeitpunkt ist immer der, in dem du nach ihm fragst? Lächerlich machen – das ist der Zusammenhang, in dem Paulus diesen Satz sagt. Die frommen Besserwisser in Korinth finden seinen Anspruch, ihnen das Evangelium zu predigen, lächerlich. „So, wie du aussiehst?" Soll heißen: so wenig überzeugend, so offensichtlich erfolglos, so vielfach gedemütigt. Wir brauchen ein anderes Evangelium!

Der Ruf ist bis heute nicht verstummt. Wie sollte er! Ein bequemeres Evangelium wäre uns doch allen lieber. Eins, das uns endlich von den bohrenden Fragen erlöste: Wie passt das zu einem liebenden Gott? Warum hören die Gewalttäter nicht wenigstens aus dem Kissen, auf dem sie sich betten, die Schreie ihrer Opfer? Du bist doch gegen Gewalt, Gott, und was tust du dagegen? Wie lange soll ich denn noch für die Hungernden spenden? Manchmal verkleidet sich der alte Ruf aus Korinth sogar in sein scheinbares Gegenteil: „Kein anderes Evangelium!"

Man kann versuchen, diese fromme Besserwis-
serei um uns – und in uns! – mit Argumenten zu
widerlegen, aus der Bibel und aus einer selbstkri-
tischen Lebenserfahrung. Auch Paulus tut das im
2. Korintherbrief. Aber das Einzige, was wirklich
weiterbringt, weiß er, ist „jetzt" zu sagen. Sich
Gott in die Arme zu werfen und sein Gnadenwort
wichtiger zu nehmen als alles, was ich verstanden
und erlebt habe. Denn solange wir auf eine bessere Lösung warten, drohen wir die Möglichkeiten
der Gegenwart zu versäumen.

Jetzt ist der Tag des Heils. Gegenwart als „gegen wart". Das Heute ist wie ein Fenster, durch
das die Ewigkeit in unsere Zeit fällt wie das Licht
in einen dunklen Raum. Für einen Augenblick
können wir hören, dass nicht die Rücksichtslosig-
keit der verrinnenden Zeit uns bestimmt, sondern
Gottes Liebe. Deshalb können wir uns auch nur
im Heute für das Richtige entscheiden.

GEBET

Wie oft wünsche ich mir das Glück, Gott, und
Ewigkeit für mein Glück! Hilf mir, heute zu glauben und heute in deiner Liebe zu leben. Amen.

LIED

Singt dem Herrn ein neues Lied (EG 287) *oder* Ich
will zu meinem Vater gehn (EG 315) *oder* In allen
meinen Taten (EG 368)

62. Nur unbenutzte Gewissen sind rein

Wir müssen alle offenbar werden vor dem
Richterstuhl Christi. 2. Korinther 5,10

AUSLEGUNG

Einmal wird wirklich „alles klar" sein – was für
ein Segen! Was ich nie so richtig begriffen habe;
worauf ich nie eine Antwort erhielt; was mir an-
getan wurde, aber ich konnte es nie beweisen; wer
da seine Finger im Spiel hatte in diesem schreckli-
chen Unglück. Allerdings auch: Was ich durch ein
Wort oder eine, wie mir schien, vernünftige Entscheidung selbst angerichtet habe, ohne dass ich je
davon erfuhr. Was wirklich hinter der Organisati-
on steckt, die ich bisher eigentlich stets für ganz
ordentlich hielt, vielleicht sogar aktiv unterstützt
habe; nicht zu reden von dem, was ich bislang erfolgreich geheim halten konnte.

Was ist ein Segen? Dass im großen Welttheater
irgendwann alle ihre Maske fallen lassen müssen?
Oder genau umgekehrt: Dass es diese Masken gibt
und wir uns alle hinter unsern Rollen verstecken
können? Liegt nicht darin unsere Freiheit begrün-
det, dass nicht jeder alles weiß, und ich bestimmen kann, wie viel ich von mir preisgebe?

Das Bild vom „Jüngsten Gericht" leitet sich
aus unserer Alltagserfahrung ab, dass ein Urteil
oft mehrere Instanzen durchlaufen muss, ehe sich

die Gerechtigkeit durchsetzen kann. Recht haben und Recht bekommen, das ist nicht dasselbe, erst im Jüngsten Gericht wird das gelingen.

Aber wie soll man sich das vorstellen? Wird Christus wie der KZ-Arzt Mengele an der Rampe stehen und den Daumen mal nach rechts und mal nach links wenden? Das wäre der totale Widerspruch zu dem, was das Evangelium über Jesus sagt. Nein, es wird endgültig klar werden, was gut ist und was böse. Gut gedacht und gut gemeint wird ebenso wenig genügen wie die Macht der Diktatoren, durch Propaganda und Manipulation nach Belieben aus Wahrheit Lüge zu machen und umgekehrt. Nichts und niemand wird auch mehr in der Lage sein, Christus aus der Hand zu schlagen, dass „alles durch ihn versöhnt würde mit Gott, es sei auf Erden oder im Himmel, indem er Frieden machte durch sein Blut am Kreuz" (Kol 1,20).

GEBET

Vergib mir, Gott, wenn ich meine Maske dazu benutze, meine Blöße zu decken. Hilf mir begreifen, dass dein Richterstuhl meine letzte Rettung ist. Amen.

LIED

Die ganze Welt hast du uns überlassen (EG 360) *oder* Halt im Gedächtnis Jesus Christ (EG 405)

63. Aufhorchen und aufatmen

Gerechtigkeit erhöht ein Volk; aber die Sünde
ist der Leute Verderben. Sprüche 14,34

AUSLEGUNG

Schuld entsteht dadurch, dass einer dem anderen
etwas schuldig bleibt. Auch die Sünde, die sich
scheinbar nur gegen Gott richtet, hat immer Folgen für die menschliche Gemeinschaft. Und sei es
„nur" so, dass sie Gottes Gerechtigkeit für andere
ins falsche Licht rückt.

Am Buß- und Bettag sind wir eingeladen, über die
Folgen der Sünde für unsere Gemeinschaft nachzudenken. Ob wir dabei an unsere Region oder
Nation denken oder die Grenzen unserer Verantwortung heute nur noch international begreifen
können, ist von zweitrangiger Bedeutung.

Ursprünglich waren Bußtage örtlich begrenzte
Erinnerungstage an eine bestimmte Katastrophe,
die eine Stadt oder einen Landstrich heimgesucht
hatte. Eine amtliche Untersuchung konnte vielleicht die Ursachen aufdecken, ihre Entstehung
erklären und damit eine mögliche Wiederholung
verhindern. Aber sie wurde – und wird – in der Regel durch den Wunsch der Bevölkerung erschwert,
möglichst schnell den oder die Verantwortlichen
namhaft zu machen. Die gestörte Gerechtigkeit,
das Gleichgewicht zwischen Lebensmöglichkei-
ten und zu tragenden Lasten, soll durch die Verur-

teilung Einzelner wieder hergestellt werden. Kann das genügen?

Wenn die Kirche in diesem Umfeld zu einem Buß- und Bettag einlädt, kann ein Zweifaches geschehen: Erstens wird die Frage nach den Ursachen vertieft und eine schnelle Sündenbocklösung bekämpft. Aus der gemeinsamen Betroffenheit können gemeinsame Strategien für die Zukunft erwachsen. Zweitens: Über den konkreten Anlass hinaus können Entwicklungen im Zusammenleben benannt, bedacht und in Gebet und Fürbitte vor Gott gebracht werden.

Ein landesweiter Buß- und Bettag in der vorletzten Woche des Kirchenjahres sollte, um sich nicht in blassen Allgemeinplätzen zu verlieren, unter ein möglichst aktuelles Thema gestellt werden und eine Schelte aus dem Fenster hinaus ebenso vermeiden wie ein formelhaftes Gerede über Sünde.

GEBET

Die Nachricht hat mich erschreckt, Gott, denn ich spüre, ich bin nicht anders. Hilf mir, zu glauben, dass du vergibst. Und hilf mir, andere mitzunehmen auf den Weg zu deiner Gerechtigkeit. Amen.

LIED

Vertrauen wagen dürfen wir getrost (EG NB 607) *oder* Herr gib uns Mut zum Brücken bauen (EG NB 612) *oder* Gib Frieden, Herr (EG 430)

139

64. Bereit zum Aufbruch

Lasst eure Lenden umgürtet sein und
eure Lichter brennen. Lukas 12,35

AUSLEGUNG

Aufbruchsstimmung. Menschen, die in ihren Kleidern schlafen und das Licht nicht löschen, weil es jeden Augenblick losgehen kann. Sie werden alles verlassen, nur auf eins ist jetzt noch Verlass, auf einen. Den einen, der das Signal gibt zum Aufbruch. Er weiß, wann es so weit ist. Er weiß, wohin der Weg geht. Er wird ein Auge auf sie alle haben, die jetzt nichts mehr in der Hand halten als die Laterne, die den nächsten Meter vor ihnen erhellt. „Herr, dein Wort ist meines Fußes Leuchte ...“

So sind wir als Christen dran, wenn wir wirklich Ernst machen mit unserem Glauben. Wir wissen das. Aber meistens sind wir – im Bild gesprochen – zu müde, um abends nicht das Licht zu löschen und richtig zu schlafen. Oder wir sind zu sehr in den Augenblick verliebt oder mit dem Gewohnten zufrieden und möchten nicht ständig an Veränderung denken. Vor allem aber mangelt es uns am Vertrauen auf den, der zum Aufbruch ruft und den Weg weiß, der ins Licht führt.

Ein Todesfall in unserer unmittelbaren Umgebung kann plötzlich die Tür zu jener verschlossenen Herzenskammer aufsprengen. Auf einmal sind wir mitten drin in dieser lange vergessenen

Aufbruchsstimmung. Nur, unsere Lenden sind nicht umgürtet, wir fühlen uns nackt und unfertig. Und unsere Laterne brennt nicht, es ist kein Öl mehr da. Wir wissen, dass gegen den Tod kein Kraut gewachsen ist, haben es immer gewusst. Alle wissen das. Aber wer denkt schon an so was.

Todesfälle in unserer Nähe könnten uns eine heilsame Erinnerung sein. Nicht mehr so tun, als lebten wir ewig, sondern dem vertrauen, der in Ewigkeit nicht auf uns verzichten will. Dinge ordnen, Streit bereinigen, Unstimmigkeiten klären – vielleicht kommt der Ruf zum Aufbruch schon morgen.

Und die Laterne bereithalten. Nicht auf die großen Lichter setzen, die in der Krise versagen. „Unseres Fußes Leuchte" scheint nur einen Schritt weit. Aber sie speist sich aus dem Wort dessen, der uns schon voraus ist und in der Ewigkeit zu Hause.

Gebet

Der Tod schlägt uns so vieles aus der Hand, Gott. Das tut weh und macht unsicher. Aber wie sollen wir sonst deine Hand ergreifen, die uns ins Leben führt. Amen.

Lied

Ich steh in meines Herren Hand (EG 374) *oder* Manchmal kennen wir (EG NB 594) *oder* Es mag sein, dass alles fällt (EG 378)

Der Autor

Klaus von Mering

1940 geboren, aufgewachsen im Oldenburger Land, durch Mitschüler und Ortsgemeinde in Oldenburg intensive Kontakte zur liturgischen Bewegung der Nachkriegszeit (Michaelsbruderschaft). Nach dem Studium der evangelischen Theologie in Heidelberg, Kiel und Hamburg von 1966 bis 1971 Gemeindepfarrer in Rastede, danach bis 1977 Schülerpfarrer im nordwestlichen Niedersachsen. Von 1978 an Inselpastor auf der ostfriesischen Insel Langeoog, seit 2001 im Ruhestand. Klaus von Mering ist verheiratet, hat sechs Kinder und acht Enkel. In der Zeit als Inselpfarrer produzierte er mehrere Informationssendungen zum Thema „Kirche und Tourismus" in TV und Radio. Zahlreiche Veröffentlichungen, viele Gottesdienste und Andachten im Rundfunk.